新 潮 文 庫

人間アレルギー

なぜ「あの人」を嫌いになるのか

岡 田 尊 司 著

新 潮 社 版

10841

はじめに

人は一人では生きられないという。だが、それは一面の真実でしかない。どうしても許せない人、受け付けない人、反発を感じてしまう人が、あなたの周りにも恐らくいるだろう。それが、かつては信頼していた人、大切に思っていた人だという場合も少なくない。互いが最善のパートナーのように思っていても、一時の熱が冷めてしまうと、嫌悪《けんお》と反感しか催さない関係になってしまうケースがどれほど多いことか。

一度心が拒否し始めると、そのプロセスを逆転させるのはなかなか難しい。嫌悪や憎しみの気持ちが、いったん心の繊維に染《し》みついてしまうと、すっかり取り除くことは至難の業だ。そして、拒否する気持ちが限界を超えてしまうと、もうどんなことをしても受け付けなくなってしまう。そんな相手に近づこうとすれば、苦痛が増すだけだ。心理的な拒否は、生理的なレベルに及ぶ。その姿を見、声を聞いただけで、体がこわばり、肌が粟立《あわだ》ち、動悸《どうき》がして、胃腸の具合さえ悪くなる。

この状態は、アレルギーと呼ばれる身体的な拒絶反応とよく似ている。アレルギーの原因となる物質をアレルゲンと呼ぶ。いったん、アレルギーになってしまうと、アレルゲンを除去しない限り、不快な症状が起こり続ける。我慢すればましになるかと耐え続けても、ましになるどころか、どんどんひどくなっていく。最後には日常生活もままならなくなってしまう。

同じことが、共に寄りかかり合い、支え合いながら生きるはずの人間に対して起きてしまう。人間の中で暮らさねばならないのに、人間に対して拒絶反応を抱えてしまうと、さまざまな困った事態をもたらす。

たとえば、「ヤマアラシのジレンマ」として知られる葛藤《かっとう》状況だ。人は、人にまったく頼らずに生きていくことはできないが、相手との距離が近づくほど、さまざまなレベルの拒絶反応が生じることになる。いらだちや不満から始まって、非難や攻撃、陰口、意地悪、いじめ、口ゲンカ、暴力。さまざまな摩擦や衝突の結果、相手も自分も傷つくことになる。

誤解のないように言えば、ヤマアラシが針を逆立てるのは外敵に対してだけだ。人間が人間を拒絶する状態は、ある意味、針を逆立てっぱなしのヤマアラシのようなものである。だから、仲間まで突き刺してしまう。突き刺された仲間は怒り、自分を守るために針を逆立てる。それを攻撃と受け取るのは、自分が知らずにした〝先制攻撃〟に自覚がないためだ。

少し前まで親しみや愛情さえも感じていた存在が、ささいな出来事を機に、不快で、許せない存在に変わってしまったことはないだろうか。いったん、拒絶反応のスイッチが入ってしまうと、その人に近づくたびに嫌悪や怒りで心をかきむしられるようになる。残された選択は、忍耐しながら生きていくか、遠く離れるかである。

最初のうちはうまくやれていたはずの上司や同僚と、次第にぎくしゃくし反目するようになる。恋人や夫婦の関係がうまくいかなくなり、ついには我慢ならない関係になってしまう。他人といるよりも一人の方が気楽だと感じる。人を心から信じられない――とかく人付き合いは難しく、社会で生きるうえでの困難の多くは、そこに起因している。

人間の人間に対する過剰な異物認識と心理的な拒絶反応――それを私は「人間アレルギー」と呼びたい。

人と和合し、社会にうまく適応するうえでも、安定した伴侶《はんりょ》との関係を手に入れるうえでも、安心と幸福に満ちた人生を歩むうえでも、人間アレルギーは大きな阻害要因となっている。ところが意外なことに、人間アレルギーについては、体系的に研究されることも語られることも少なかった。

身体的なアレルギー反応については研究が進み、その仕組みが詳細に解き明かされてきたのに比べると、こちらの研究は質量ともに貧弱である。相手に嫌気がさすのは相手に問題があるためだという視点に縛られていたきらいもある。だが、人間アレルギーという視点から見れば、様相はがらりと変わる。

二十七年にわたる私の臨床経験に照らしていうならば、一人の人に対して人間アレルギーを起こしやすい人は、別の人に対しても同じことが起きやすい。つまり、相手をいくら変えたところで、会社をいくら変わったところで、また同じことが起きてしまう。周囲の人間を変えようとしても無駄なのである。本当に改善すべきは、その人自身が抱えた人間アレルギーなのだから。

その視点をもてば、人間の苦悩の多くが人間アレルギーに由来するとともに、また、多くの人生が、人間アレルギーとの戦いに費やされていることに気づくだろう。生きづらさも、孤独も、心を濁らせるネガティブな感情も、元をたどれば人間アレルギーに由来する。それゆえ、人とのつながりに違和感や苦痛を覚え、生きづらさを抱えている人が、良好な社会適応をはかり、幸福に生きようとすれば、人間アレルギーについての理解が不可欠である。

本書は、人間アレルギーについて書かれた最初の本格的な著作である。これまで先人たちが積み重ねてきた研究の成果を踏まえつつ、新たな視点や発見も加味しながら、現代日本のみならず近代社会に広がる人間アレルギーの病理の本質に迫りたい。本書が提示する見地や方策が、その克服を目指す人のための道しるべとなれば、それに勝る喜びはない。

なお、本書には、読者の理解を助けるため、具体例をふんだんに盛り込んだ。有名人とともに、一般人のケースも数多く例示したが、実際のケースをヒントに再構成したものであり、特定のケースとは無関係であることをお断りしておきたい。

人間アレルギー　なぜ「あの人」を嫌いになるのか

目次

はじめに……3

第一章　人間アレルギーの基本症状……15

仲の良かった人を急に受け付けなくなる。相手に許せない部分を見つけると、すべて許せなくなる。集団の中にいるとひどく疲れる――人が感じる生きにくさの大部分は人間関係に由来する。そして「人間関係のアレルギー」は現代社会で急速に広がっている。特徴的な症状を一つ一つみてみよう。

第二章　先人たちのアプローチ……37

荀子、マキャベリィ、ホッブズ、ルソー、ニーチェ――「他者は信用できない存在である」とする悲観的な人間観は、昔から世界中で示されてきた。人はなぜ人を嫌うのか。このシンプルで奥深い問いを、さまざまなモデルを使って解き明かそうとしてきた試みの成果をたどる。

第三章　人間アレルギーのメカニズム……63

人が人を嫌悪し、拒絶する心のメカニズム。これまでのアプローチでは、その全貌をとらえ、本質に迫るところまで至っていない。アレルギー・モデルを下敷きに、「心の免疫」という視点からひもとくと、さまざまな症状に共通する本当の原因がみえてくる。

第四章　「愛着障害」という核心……133

すべての他者を異物とみなし、片っ端から攻撃・排除したのでは、社会生活はたちまち行き詰ってしまう。それゆえ、人の心は小さな反発や不信は許容するようにできている。土台となるのは養育者との「愛着」という特別な関係なのだが……。人間アレルギーの核心に迫る。

第五章　人間アレルギーの克服……187
人間アレルギーは、ほうっておくと健康や寿命にもマイナスの影響を及ぼす。しかし、それは不治の病ではない。人には自己回復の仕組みがある。そして、原因と症状それぞれに、適切なステップを踏んで対応していけば、克服できるのだ。対策を具体的に示す。

おわりに……245

参考文献

すべては「アレルギー」が原因だった——finalvent

人間アレルギー

なぜ「あの人」を嫌いになるのか

第一章　人間アレルギーの基本症状

異物に対する拒絶反応

アレルギーとは一般に過剰な免疫《めんえき》反応と定義される。つまり、排除する必要のないものまで異物と認識し、排除や攻撃を行う状態をさす。この定義を援用して考えるならば、人間アレルギーとは、排除する必要もない他者を受け入れがたい異物とみなし、心理的、行動的な拒絶や攻撃によって排除しようとする状態だといえよう。

人間アレルギーは、物質に対する身体的な免疫反応ではなく、心理社会的存在としての人間に対する心の免疫反応である。だが、その振る舞いは体のアレルギーと非常によく似ている。

免疫反応には、二つの要素があると考えられている。一つは、異物としての認識（記憶）であり、もう一つは拒絶と攻撃による排除である。アレルギーがアレルギーたるゆえんは、その人を苦しめるアレルギー反応（拒絶反応）よりも、アレルギー反応を起こす原因となる、異物認識の過剰さにある。排除する必要もない無害な花粉や食品を、排除すべき危険な異物と誤って認識してしまうところから、すべての苦しみは始まるのだ。

人間アレルギーにおいても、その根源的な問題は、うまく共存することもできる存在や、むしろ自分に益をもたらすかもしれない存在まで、ただちに排除すべき我慢のならない異物とみなしてしまうことにある。そうなると自動的に拒絶反応のスイッチが入ってしまい、拒否や攻撃によって排除のプロセスが進んでいく。

ある物質が異物として認識され、アレルゲンとなることを「感作《かんさ》」というが、いったん感作が生じてしまうと、アレルゲンへの暴露《ばくろ》が続く限り、症状はだんだんひどくなっていく。アレルギー反応によって生じる抗体や免疫物質が、さらなるアレルギー反応を起こし、また抗体や免疫物質が生み出されるという連鎖が、雪だるま式に膨らんでいくためだ。

人間アレルギーでも同様のことが起きる。ある人物に対して感作が生じ、アレルギーが起こり始めると、拒絶反応がさらに関係をこじらせ、ますます強いアレルギーをもつようになる。ささいな違和感が、やがて激しい嫌悪《けんお》感や憎しみのこもった攻撃にエスカレートしていく。このプロセスを逆転させることは、不可能ではないにしても容易ではない。

人間アレルギーがひどくなると、その不快な苦しみとネガティブな感情の渦に飲み込まれ、自分に何が起こっているかさえ見えなくなる。他者や、ときには自分自身に対して、ほとんど無意識的な攻撃と排除反応が繰り返されるようになる。

自分がどうして愛していたはずの存在を毎日攻撃し続けているのか、良好な関係だった仲間や同僚とぎすぎすし、不快な思いを味わい続けているのか。そのおおもとにある真の原因に気付くこともなく、無益な摩擦といがみ合いを繰り返し続ける。すべては、排除する必要のない相手を排除すべき異物と認識したところから始まっている。その認識を修正しない限り、苦しみは続くのだが、目先の苦しみと不快さにばかり気をとられ、根源にある誤った思い込みに考えが及ぶことは稀《まれ》である。不幸な堂々巡りを脱するための第一歩として、本章では、まず人間アレルギーによって起きる特徴的な状態、つまり基本症状をみていこう。

その症状の真の原因は

人間アレルギーによって起きる一連の症候群を考える場合、異物に対する拒絶反応として起きるアレルギー症状（結果）と、不必要なものまで異物とみなしてしまう認識の問題（原因）を区別することが重要になる。

前者は、人間アレルギーによって起きる感情や行動の問題である。一方、後者は、感情や行動の問題の根底にある、他者の受け止め方、つまり認知の問題である。

人間アレルギーの状態になると、不快な感情や嫌悪感が募り、諍《いさか》いや衝突が頻発するし、不快感を紛らわそうとして飲酒や耽溺《たんでき》的行動が増え、しばしば依存に至る。激しいうえに害も大きいので、ついそちらにばかり目が向きがちだ。しかし、先に述べたように、根底でその人を操っているのは、認知（受け止め方）の問題なのである。その必要もない存在を、排除すべき異物とみなしてしまうことから、すべての不幸は始まっているのだ。

まず表面に出ている感情・行動面の問題からみていき、そこから還元的にさかのぼって、おおもとにある認知の問題を突き止めていこう。

対人関係に過敏で傷つきやすい

人間アレルギーを抱える人は、対人関係に過敏で、ささいなことにも傷ついたり、過剰に気をつかったりしがちだ。心のどこかに人に対する違和感があり、いつも身近で接している存在に対してさえ、心の底からの信頼や親しみをもてないということも多い。

人間アレルギーが強まったときには、接触を避け、自分の世界に閉じこもるという反応をしやすい。そういう人でも、支えや依存対象を求める欲求が切実な場合には、他者に接近しようとする。しかし距離が縮まると、信頼が増すどころか、逆に気分や関係が不安定になってしまうこともある。

ささいな言葉や素振りからも、否定的な反応を読み取り、傷ついてしまう。親や恋人、配偶者、子どもといった、本来気を許してよい存在に対しても、自分が冷遇されていないか、嫌がられていないかを敏感に探ろうとする。少しでもその兆候を認めると、傷つくだけでなく、相手に対して不信感や否定的な感情を抱き、それを態度や行動にも出してしまいやすい。

人間関係は相互的なものだ。自分が顔をそむければ、相手もいつしか顔をそむけてしまう。好感や興味を抱いてくれていた人も、警戒心の強いしかめっ面《つら》しか返ってこなければ、近寄ることを諦《あきら》め、離れていくだろう。

人間アレルギーの人は、人を寄せつけない態度で、自分から孤独になってしまう。人に傷つけられないように警戒しすぎて心を開けないために、仲間外れの状況を自分から作ってしまうのだ。

ネガティブな感情にとらわれる

もう一つの特徴は、安心感や明るく穏やかな感情が損なわれ、ネガティブな感情が強まりやすいことである。不機嫌やイライラ、不安が強まるというのは序の口で、怒りや恨みといった激しい陰性感情にとらわれ、それが爆発に至ることもある。ネガティブな感情が自分自身に向けられる場合もある。自信を失い、くよくよと後悔し、自分を過剰に責めてしまう。また、何をするのも面倒で、無気力になったり、投げやりになったりする。

こうした状態は、これまで、「うつ」といったとらえ方をされることが多かったが、本当のうつ病はごく一部で、多くは適応障害やネガティブな認知と結びついた慢性的な気分の落ち込み（気分変調症）である。うつ病の治療を施しても根本的な問題の解決にならないし効果も得られにくいが、人間アレルギーを起こしているという視点で、対人関係の問題としてとらえ、その部分を改善する手立てを講じると効果的な場合も多い。

ネガティブな感情の表れ方にも大きく二つある。自分の不快な気分を周囲にぶつけるタイプと、内に向かい自分の殻に閉じこもろうとするタイプである。

前者は、ささいなストレスに対しても過剰に反応し、周囲に責任転嫁《てんか》しようとする。このタイプは自分で耐えるよりも人を巻き込もうとするので、相談したり助けてもらったりといった援助を受けやすい場合もある。

後者は、不快なことがあっても、自分の心の中に閉じ込めてしまうので、周囲から気付かれにくい。このタイプは、感情を切り離して自分を守ろうとすることが多く、いつのまにかストレスに蝕《むしば》まれて、体のほうが悲鳴を上げる。我慢が限界に達して、突然心がへし折れるというような形で初めて症状が出る場合もある。

先のことを過度に悲観的に考え、どうせよくないことしか起こらないと決めつける。他人は自分を貶《おとし》めようとしているに違いないと思い込む。不満や愚痴や悪口が多くなり、希望や夢を語ることは少ない――ネガティブな感情は、ネガティブな言動を生み、結局、自分の可能性を狭め、不幸を引き寄せてしまう。

怒りと攻撃性をもてあます

アメリカの心理学者ロバート・プルチック（一九二七－二〇〇六）によれば人間に

は、八つの基本情動があるとされる。ポジティブな情動には、喜び、共感、期待の三つが、ネガティブな情動には、悲しみ、怒り、嫌悪、恐怖、驚きの五つが含まれる。ネガティブな情動のほうが分化、つまり発達しているのは、危険を回避し生き抜くうえで不可欠な役割を果たしているからだと考えられている。

他者に対して安心感をもちにくければ、ネガティブな情動が強まりやすい。怒りや攻撃性を健全な形で解消できず、周囲との関係をさらに悪化させる形で出してしまいやすい傾向がさらに問題をこじらせる。

怒りや攻撃性は、適切に使われれば、対人関係を発展させるのに役立つ。しかし、人間アレルギーの人では、過剰で不適切な用い方になってしまうため、互いの理解を深めるよりも破壊するほうに働いてしまう。日ごろはおとなしいのに、酒が入ったときや疲れがたまっているときに、大爆発して暴れまわり、家族に暴言や暴力をふるうといったケースは、まさにその典型である。日ごろから感情をほどよく放出するということができない。

人間アレルギーのある人は、プライドが高すぎたり、警戒心が強すぎるために、自分の弱みを見せることができない。悩みを心の中にため込み、爆発しやすくしてしまうのだ。

しかも、人間アレルギーの人は、おおかた心の底に強い怒りを宿している。愛されず虐《しいた》げられてきたことへの怒りである場合が多いのだが、人から否定されたり、反発を受けたりすると、その傷がまざまざとよみがえり、怒りのスイッチが入ってしまうのである。

誰でもネガティブな情動にとらわれることはある。しかし、それはさまざまな感情の一つとして存在し、人生にアクセントを与えている。ところが、人間アレルギーの人は、感情のヴァリエーションが乏しくなっている。表面的には愛想よく振る舞っても、心の中に巣食っているのは彩《いろど》りのない怒りや憎しみなのである。ささいなきっかけで、それは顔を出す。薄氷の下には、怒りの火薬が憎しみを燃料に爆発するのを待っているのだ。

寛容さや受容性が低下する

過度に潔癖になり、ソフトな優しさを失うことも人間アレルギーの特徴である。

優しさなど、それほど重要ではないと思われるかもしれない。医学でさえ、優しさの意味を軽視していた時期があった。ところが、近年、優しさは、子どもの健全な成長や発達にも、大人やお年寄りが健康を保って生きるためにも、欠くべからざる心の栄養素であることがわかってきた。

優しく世話をされると、オキシトシンというホルモンが分泌《ぶんぴつ》される。幸福ホルモンとも愛情ホルモンともいわれるオキシトシンはストレスや不安を和らげるとともに、人への思いやりやフレンドリーな接触を増やす。オキシトシンがたっぷり分泌されているとき、人は幸福に感じるだけでなく、優しくなれる。相手の非さえも受け入れ、許すことができる。

オキシトシンがよく分泌されるのは、優しくハグされたときや体を撫《な》でられたときである。幼いときに、よく抱っこされ、優しくいたわられて育った人は、オキシトシンの受容体が豊富に存在する。

人間アレルギーの人では、正反対だ。他者に対して不寛容で、厳格で、潔癖になりすぎてしまう。良い点がたくさんあったとしても、悪い点のほうが目に付いてしまい、そのことを責めずにはいられない。攻撃的で過激な言動が多く、バランスを欠きやすい。弱い立場の者に、自分のいらだちや不満をぶつけがちだ。自分の主張にこだわって、相手の考えを受け入れることができない。それが無用の摩擦を生む――。

人に厳しくなりすぎてしまうのは、その人自身がそういう扱いを受けて育ったせいということも多い。もともと優しかった人でも、過酷な境遇での生活を強いられた結果、人の長所をほめるよりも非をなじるようになることもある。自分の非を認めるより頑《かたく》なに正当化しようとする。

心身の不調と依存行動

このような特性は、ストレスや不安を感じやすくするだけでなく、その原因となるような状況を生み出しやすくもする。摩擦、対立、孤立を自ら招いてしまうのだ。頑なさが強さと勘違いされることもあるが、心が弾力を欠いているので、むしろストレスにもろい。本心を過度に抑え込んで行動するのは、鎧《よろい》を纏《まと》って暮らしているようなもので、リラックスした人の何倍も疲れてしまう。人が信じられず、不安を感じやすいので、相手の顔色を常に気にしながら片時も気が抜けない。その気疲れは半端《はんぱ》ではない。

ストレスや不安への耐性も弱いため、なおのこと心身を蝕まれやすい。いつも不調で、すっきりしないということも多い。慢性的なストレスが自律神経のバランスを崩し、胃腸や循環器系に影響が出て、心身症にかかってしまうリスクも高まる。

また、そうした不快感を紛らわすために、快楽や興奮をもたらす神経伝達物質ドーパミンの放出を増やす行為に依存しやすい。その代表は、飲酒やギャンブルだ。女性では、過食や買い物、セックスへの依存が多い。最近は、ネットゲームや刺激的な動画にはまったり、不特定多数を相手にした性行為にのめりこむケースも増えている。特定の人との恒常的な恋愛や夫婦関係よりも、行きずりの肉体関係のほうが、気楽で御しやすい面もあるので、よけいにのめりこんでしまう。

大同よりも小異に反応する

それでは、こうした症状の根底には、どういう認識の偏《かたよ》りがあるのだろうか。

人間アレルギーとは、排除する必要のない存在まで有害な異物とみなして、拒絶し排除しようとしてしまう状態をさす。そもそも異物とは、自分と相容《あいい》れないものである。人間アレルギーを抱える人は、自分と同じ点よりも違う点を敏感に感じ取り、小さな違いを決定的な違いのように過大視する。そして、行き着くところ、自分が期待したものとまったく同じものしか受け入れられなくなってしまう。百点以外はすべて零点という厳しい基準で見てしまうのである。

こうした心のあり方は、二分法的認知とか両極思考と呼ばれる。それはまた、完璧《かんぺき》主義としてとらえることもできる。完璧であることは難しい。うまくいくことよりも、うまくいかないことのほうがはるかに多いのだ。それはともすれば「どうせ失敗する」という悲観論と結びついてしまう。

全か無かの二分法的認知が悲観的な思考と結びついたとき、人は破局的思考と呼ばれる過激で破壊的な思考のワナに陥ることになる。完璧で理想的な自分が達成できないのなら、すべては無意味で存在する価値もないという性急な結論に至ってしまうのだ。大同よりも小異にとらわれると、恵まれた境遇すら耐えがたい苦痛となる。それは、ときに、自暴自棄な行動や自殺につながっていく。

人間アレルギーの人は、ささいな違いであっても、感情の天秤《てんびん》が大きく傾いてバランスを失いやすいため、気持ちが安定しない。ブレが大きくなる。全体ではなく小さな部分部分に反応してしまうので、ひどく理想化したりひどく失望して貶《けな》したりの差が大きい。結果として、人生の浮沈も激しくなる。

自分の視点にとらわれる

ここで人間アレルギーの本質に根差した特性として浮かび上がるのは、自分と相容れないものは認めないという自己への強い執着である。

なぜ、そうなってしまうのだろうか。

傷つき、痛みを抱えているとき、人はそのことしか考えられなくなる。もしその人が幼い頃から傷つけられ苦痛に耐えてきたとしたら、わが身を守るのに必死だっただろう。相手の立場に立って考えたり自分の非を顧みるよりも、自己防衛を優先し、自分の非さえも正当化する論理や信念を身に付けやすいだろう。他者は敵対者かライバルとみなし、自分に起きた悪いことは他者の悪意の結果だと考えてしまう。決して心を許さず、優位に立って他者をコントロールしようとする。

敵対者やライバルとは、しょせん並び立つことのできない運命にある。自分が生き残ろうと思えば、相手を排除するしかない。

最も信じていい人とさえ戦ってしまう

人間アレルギーの人は、自分の支えになってくれる存在にまで不信感や攻撃を向けてしまう。最も心を許していいはずの配偶者やわが子をも敵対者やライバルとみなしてしまいやすい。そこには、他者は油断のならない存在で、打ち負かすべき敵かライバルであるという信念がある。この信念に従えば、幸福も成功も勝者によって独り占めされるので、誰かがそれを手に入れれば、その分だけ自分の取り分が奪われることになる。他人の幸せや成功は、妬《ねた》むべき痛恨事でしかない。夫婦や親子の関係においてさえ、そうだ。

そんなふうに思ってしまうのも、もとはと言えば、限られた愛情しか与えられずに育ったためだ。愛情は限りのあるパイのようなもので、誰かが食べればそれだけ自分の分け前が減ってしまうと、いつも心配せずにはいられなかったのだ。親の愛情の有限性は、きょうだいの存在以上に、親自身が心の余裕を欠いていたり、その子を愛することができないといった事情によって強まる。ときには、親自身が人間アレルギーを抱え、自己愛を満たすことに汲々《きゅうきゅう》としている場合もある。

共感的な親に育てられた子は、親が与えることのできる世話にたとえ限りがあろうと、無限の愛情を感じながら育つことができる。きょうだいが何人いようが、分け前を奪われるとは考えない。自分のことを誰よりもわかってくれ、いざというときには、助けてくれる人がいると信じられるからだ。気持ちを汲《く》みとってもらい、共感的に育てられた子は、他者にも共感することができる。喜びを分かち合おうとし、困ったときには支え合うことができる。

しかし、もともと共感的な人物も、敵やライバルとの生存競争に明け暮れる暮らしをするうちに、優しい心や思いやりを失っていく。たとえ生存闘争に勝ち残ったとしても、心の中に人間アレルギーを抱えるようになる。勝利や成功は収めても、その代償として人間に対する信頼も愛も失ってしまうのだ。

自分自身さえ確かに感じられない

人間アレルギーの人は、身内に対して不信感や違和感を抱くだけでなく、最も確かなものであるはずの自分自身に対しても、不確かな感覚や違和感を覚える。自分をありのままの存在として肯定できない。欠陥だらけで、無能で、愛される価値がないと思いがちだ。

そのため卑屈になりすぎて、人と対等な関係をもつことができない。何をしていても安心できず、成功や幸運のさなかにあってさえも、どうせいつか失敗すると思ってしまう。そうした否定的な思い込みやネガティブな態度が、せっかくのチャンスや幸運を遠ざけ、不運や失敗を引き寄せてしまう。

飲酒などの依存的行為に頼りがちなのも、過敏さゆえのストレスから逃れるためという以外に、絶えず付きまとう自分の不確かさや空虚感を紛らわそうとするためでもある。

外に見せているのは偽りの自分でしかなく、行動と本音がつながっていないような感覚をもっていることも、重要な徴候だ。人間アレルギーの唯一《ゆいいつ》の徴候がそれだけというケースもある。表面的には人間を心から愛しているように振る舞っていても、すべてはカモフラージュで、根底には人間に対する恐怖と不信が渦巻いているという場合もある。

多彩な病名の根底にあるのは

傷つきやすさ、共感性の低下、自己への執着、極端さが負のスパイラルを形成し、過剰な異物反応である人間アレルギーをひきおこす。人間アレルギーは、さまざまな生きづらさの背景にあり、社会不適応や対人関係の問題、家庭内不和、子育ての問題などの原因ともなる。症状が強まれば病名がつくレベルに至ることもあるが、治療を受けるほどではないものの、常に生きにくさを感じているというケースも多い。また、特定の状況で特定の人物に対してだけ拒絶反応が強まるケースも多い。

残念ながら、今日の精神医学は、表面にあらわれている症状によって疾患を分類するという方法（症状診断）をとっている。そのため、症状ごとに別々の診断名が与えられ、何が真の病因なのかがわかりにくい。

その状況は次のような例で考えれば、わかりやすいだろう。

鼻水が出て、くしゃみが止まらず、目が痒《かゆ》くて赤くなり、夜も眠れず、全身もだるくて、疲れやすく、やる気も起こらないといった状態に陥っているとしよう。一つ一つの症状に病名をつけていくと、鼻炎、結膜炎、不眠症、さらには全身倦怠《けんたい》感、易疲《いひ》労性《ろうせい》、意欲低下などの全身症状から、カゼのようなウイルス感染症、うつといった類《たぐい》の病名がつかないとも限らない。

しかし、アレルギーについて少し知識のある現代人なら、ピンとくるだろう。そう、花粉アレルギーという原因がわかって、初めてすべての症状を説明できる病因診断が可能となったのだ。

同様に、人間アレルギーによって起きる状態も、不安が強ければ不安障害、意欲低下や疲れやすさ、気分の落ち込みがあればうつ状態、睡眠が妨げられていれば睡眠障害といった具合に病名が併記される。そして、各症状に対する薬が処方される。結局何が原因なのか、何が起きているのかは、あいまいにしたままだ。

しかし、一連の症状が人間アレルギーによって起きているのだとすれば、人間アレルギーという一つの病因診断によって、すべてを説明することができる。

では、人間アレルギーがからんだ症状は、今日の精神医学では、どういう病名で診断されているのだろうか。主なものを取り上げてみよう。

①社会不安障害

かつては対人恐怖症とか対人緊張症と呼ばれたものにほぼ該当し、人が大勢いるところに加わったり人前に出て話したりすることに強い不安を感じるものである。視線が気になり、目を見るのが怖くて視線が合わせられないという場合も多い。根底には人に対する過剰な恐怖感があると考えられ、人間アレルギーがひそんでいることが多い。

②適応障害

学校や会社といった環境にうまく適応できず、そのストレスによってうつや不安が強まった状態をさす。この診断には、環境からのストレスや環境と本人とのミスマッチが原因だという意味合いが込められており、例外的に病因に触れた診断だと言える。人間アレルギーがあると必要以上に対人関係の摩擦やストレスが生じ、適応障害を起こしやすくなる。

③パーソナリティ障害

行動や感情、認知の偏りによって生活に著しい困難が生じるもので、対人関係の面でも困難を抱えやすい。先にみたように、人間アレルギーでも、行動、感情、認知の面で特有の偏りを示すので、多くのパーソナリティ障害には、人間アレルギーが内在していると推測される。他者との交わりに喜びも関心も乏しく、孤独を好むシゾイド・パーソナリティ障害。嫌われて傷つかないために、親密な関係を避けようとする回避性パーソナリティ障害。身近な人も信じられず、猜疑心《さいぎしん》が強い妄想性パーソナリティ障害。自己否定が強く、自分はどうせ見捨てられてしまうと思い込み、相手にしがみつこうとしたり攻撃したりしてしまう境界性パーソナリティ障害。逆に自信過剰で、誇大な自己顕示欲にとらわれ、他者を見下す自己愛性パーソナリティ障害。それらでは、特に人間アレルギーが中心的な病理となっているだろう。

④気分変調症

いつも否定的な感情や考え方にとらわれ、不満や不調を訴え続ける。軽症のうつが一年の半分以上を占めるタイプだ。後で述べるが人間アレルギーが全般化した人にみられやすい。

⑤**強迫性障害**

特に不潔恐怖を伴うタイプでは、他人が触れた可能性のあるドアノブや手すりに触れることに強い抵抗があったり、椅子《いす》や便座に座ることも不潔だと感じ、外出先から帰ると、すべて着替えないと部屋に入れなかったりする。他人を不潔だと感じ、過剰なまでの拒否感にとらわれ、排除しようとする病理には、人間アレルギーが関係していることが多い。実際、こうしたケースでは、潔癖さとともに、対人緊張が強いなど、他者に気楽に親しめないという問題を伴っているのが普通である。

⑥**身体醜形障害**

自分の顔や体が醜いと思い込むもので、心の中の自己像が否定的に歪《ゆが》んでいる。視線恐怖や対人恐怖が併存することも多く、人付き合いを避けようとする。中心にある病理は、人間アレルギーであることが多い。

病名の如何《いかん》を問わず、心の問題を扱う専門家が日々取り組んでいることは、現代人が抱えてしまった人間アレルギーを軽減し、克服することだともいえよう。

第二章　先人たちのアプローチ

前章でみたように、人間の人間に対する過剰な異物認識と拒絶反応である人間アレルギーは、知らずしらずわれわれの中に広がり、さまざまな支障や問題を生んでいる。これまで人間アレルギーという視点ではとらえられてこなかったが、そうした現象は昔から存在し、別の形で理解されてきた。この章では、他者を拒絶・排除する心理が、これまでどのように扱われ、理解されてきたかをみていこう。

人の性は悪なり

「人の性は悪、その善なるは偽《ぎ》なり」の有名な一節で知られる中国の思想家荀子《じゅんし》（紀元前三一三頃―二三八頃）は、人間性の本質を悪とみなした。彼はそのすぐ後でこう述べている。「生まれながらにして疾悪《しつお》するあり」人間は生まれつき人を憎む性質をもっている、と。こうした性悪説、つまり人間性に対する悲観的な見方に立ったうえで、荀子は、法や礼や義といった秩序の重要性を説く。それによって矯《た》め木《ぎ》を当てることでしか、争いごとを避け、社会を混乱から守ることはできないと。

礼や義を重んじる孔子の教えを受け継ぎながら、「人の性は善なり」と性善説に立った孟子《もうし》を荀子は痛烈に批判する。人の本性が善であるなら、なぜ礼や義が必要なのか。善なる性質は強い意志と努力の積み重ねによって初めて身に付けられると主張するのである。

イタリアの政治思想家マキャベリィ（一四六九－一五二七）もまた、人間の性《さが》にひそむ悪を直視し、徹底した現実主義による政治を説いた。マキャベリィの人間観の根底にあるのは、人間の心は移ろいやすく、欲に負けやすく、頼りにならないものだという徹底した疑いの目だ。「人間は邪悪な存在であるから、あなたに信義を守るはずもなく、あなたが信義を守る必要もない」と、マキャベリィは断じる。したがって、弱く当てにならない人間の心に欺《あざむ》かれないためには、力による恐怖と、信義を重んじると見せておいて誰も信用しない狡賢《ずるがしこ》さが必要だとする。

自然状態では「万人の万人に対する闘い」となり、必然的に他者は敵同士となってしまうので、その状況から脱し平和を維持するために法や契約、国家が誕生したとするイギリスの思想家ホッブズ（一五八八－一六七九）の思想も、その根底には、人間を邪悪な存在とみなす悲観的な見方が採用されていた。

他者とは悪意をもった油断のならない敵であるという認識は、その後も根強く支持を集める現実主義的な人間観にみられる基本的な信念でもある。

嫉妬と不公平感が生む悪意

ホッブズの自然観とは正反対の前提から出発しながら、結果的に、人間の邪悪さの起源に迫ったのがスイス生まれの思想家ルソー（一七一二－七八）である。『人間不平等起源論』において、ルソーは、自然状態において人間は互いへの憐《あわれ》みの気持ちによって結びついた平等な存在だったとした。ところが、所有や競争による優劣が生じたことから嫉妬《しっと》心や不遇感が生まれ、そこから争いや奪い合いが起き、人間を邪悪な存在に変えていったと論じたのである。

人間の邪悪さの源として、優劣の自覚から生じる嫉妬心を重視したことは、炯眼《けいがん》だというべきだろう。聖書で最初に語られる人殺しは、兄カインによる弟アベルの殺害である。神に愛された弟を、兄が妬《ねた》んだのだ。愛されないという不遇感は、他者に対する憐みを失わせ、憎しみと排除をもたらす。それは、他者を排除しようとする心理の、最も古い例の一つを示すものだといえるだろう。

こうした悲劇は、人間が平等や公平を求めるために起きるものだともいえる。自分も同じように愛され、認められたいと思うがゆえに、自分だけが顧みられず、不遇な思いを味わわされると、恵まれているものへの敵意を生んでしまう。

ドイツの哲学者ニーチェ（一八四四－一九〇〇）は、人々の心にひそむ嫉妬心や不遇感に注目し、それを「ルサンチマン」と呼んだ。ニーチェは、キリスト教の道徳それ自体が他人の幸福を妬むルサンチマンによるものだとして、善悪の彼岸に立つ超人こそが待望されると唱えた。その思想は後にナチズムに利用されることとなる。もっとも、ニーチェの主張自体も、不器用にしか生きられず、愛の喜びからも締め出された孤独な人間のルサンチマンがこもったものだと言えそうだ（124ページ参照）。

投影と被害妄想

ルサンチマンによる異物の排斥といった現象を心理学的に理解するうえで有用な「投影」というメカニズムを最初に見出《みいだ》したのが、精神分析を樹立したオーストリアの精神科医フロイト（一八五六－一九三九）である。

フロイトがそれに気付いたのは、妄想症《パラノイア》の患者を診察していたときのことであった。

彼らは不快さの原因を、実際には自分に起因するものであっても、外部に求めようとしていた。そこから手がかりを得て、フロイトは自分の中の受け入れがたい欲望や悪意を他者に転嫁《てんか》する防衛メカニズムが、妄想症の人に限らず、広く使われていることを見出したのだ。

つまり、邪悪な欲望や悪意を抱くのは自分自身なのである。しかし、そのことを認めたくないので、他者にそれを映し出し、他者が邪悪な欲望や悪意をもっているとみなす。投影にも、自分の良い部分を投影する場合と、悪い部分を投影する場合があるが、悪い投影は自分の意に反した存在に対してなされる。自分がその人に悪意をもっていたり、自分の中に欲求不満を抱えていたりすると、実際にその人がどうであるかには関係なく、相手が自分に悪意をもっていると思い込んだり、相手が邪悪な欲望をむさぼりすぎるので自分の幸福が減ってしまうというように考える。

今では一般の人にもよく使われる被害妄想という概念は、自分の不安や恐怖、不遇感を周囲の存在に投影した産物である。身近な人間関係における敵意や対立だけでなく、ルサンチマンが生贄《スケープゴート》を求める仕組みを理解するうえでも助けとなる。

陰性転移と逆転移

投影と似ているが、少し異なる現象に、やはりフロイトが見出した「転移」がある。転移とは、過去においてある人物に抱いた感情を、別の人物に向ける現象である。

フロイトは、患者が治療者に対して示す感情が、患者が自分の親に対して抱いた感情を再現したものであることに気付いた。父親を尊敬し、愛していた患者は、フロイトに尊敬の念や親愛の情といったポジティブな感情を抱きやすかった。

ポジティブな感情を伴う転移は「陽性転移」と呼ばれ、転移を受ける側も悪い気はしない。その気持ちに呼応して、こちらもその人に対して良い感情をもちやすくなる。これが「逆転移」と呼ばれる現象だ。

ところが、親に対して反発や敵意を感じていた患者は、治療者に親を重ね合わせ、敵対的な感情を向けてくることもある。これを陰性転移という。本人はそれを自覚していないのだが、治療者に対しても、わざわざ親切心を挫《くじ》くような反応をするので、やりにくい。助けになろうとしているのに、罵《ののし》られたり、無能だとこき下ろされたりして、プライドをズタズタにされることもある。どうしてこんな思いを味わわなければならないのかと、理不尽な思いにかられる。

陰性転移を向けられると、ふつうはその感情に巻き込まれ、怒りや非難で反応してしまう。そして、その人に対して苦手意識や不快な感情を抱くようになる。陰性転移の逆転移が起きてしまうわけだ。

陰性転移や逆転移は、心理的拒絶反応のメカニズムを説明するのに有用な概念だと言えるだろう。

父親という〝最初の異物〟

フロイトの発見した「エディプス・コンプレックス」にも触れておきたい。エディプス・コンプレックスは、母親をめぐる父親との三角関係であり、父親を排除し母親を独り占めしたいという願望と、父親を殺したいという願望を抱くことへの罪悪感や、父親の逆鱗《げきりん》に触れ去勢されてしまうかもしれないという恐怖がないまぜになったものだ。そうした願望や恐怖を抑圧することが、恐怖症や強迫神経症、不安神経症などの原因になると、フロイトは考えたのである。

確かに、厳格な父親に打ち解けられなかったり、虐待《ぎゃくたい》を受けたりした場合には、対緊張や不安が強く、抑圧的な性格になる傾向がみられる。父親に対して抱いた緊張感を、第三者に対しても抱きやすいのだ。屈強な男性や権威的で横柄《おうへい》な人は苦手ということも多い。目上の人に、いつの間にか父親を投影し、戦ってしまうという人もいる。

人間に対する恐怖と敵意の源泉として、〝最初の異物〟とも言える父親が果たしてしまう役割は無視できないだろう。

「死の本能」と攻撃衝動

フロイトが晩年に提唱した「死の本能《タナトス》」という概念は彼の汎《はん》性欲理論と並んで異論が多く、今日ではあまり顧みられることもないが、攻撃と殺戮《さつりく》がかくも繰り返される現世のありさまや、死の衝動にとり憑《つ》かれたとしか思えない人が少なくない状況を考えると、あながち荒唐無稽《こうとうむけい》な考えとも言えないのかもしれない。

分子生物学の領域では、自殺遺伝子と呼ばれる細胞死《アポトーシス》を起こす仕組みが存在することが知られるようになり、生きることだけでなく死ぬこともまた、生命自体にプログラムされているという認識がなされるようになった。われわれは生きると同時に、死に向かう存在であり、生命には常に死が宿り、命は死へと置き換わり続ける。生の終わりが死ではなく、生の始まりが死の始まりであり、生を全うすることが死の完成なのである。

われわれ捕食生物には、攻撃的本能が備わっている。死の本能タナトスは、本来は生存のための本能であり、攻撃全般の原動力を生む衝動と考えられ、攻撃的本能衝動と言い換えられる場合もある。愛の本能エロスに対比されがちな概念だが、愛の本能と死の本能は、本来対立するものでも、せめぎ合うものでもない。愛の本能は良いもので死の本能は悪いものだといった二分法的理解や、愛の本能が死の本能を抑制しコントロールできるというような考えは誤解を招きやすい錯覚だと言える。心が未熟な状態では、愛の本能も、死の本能と同じくらい始末に負えない代物《しろもの》だ。愛の本能ゆえに身を滅ぼすことは、いくらでもある。

愛欲的本能衝動エロスと攻撃的本能衝動タナトスは、成長とともに統合され、渾然《こんぜん》一体《いったい》となるが、バランスが悪かったり分離したままだと、一方だけが暴走し、自殺や破壊行為に至る危険も増す。

臨床の経験からいえば、愛を求めようとする本能がうまく満たされないとき、人を思いやり大切にする共感能力も、自分を振り返り衝動を制御する能力も、どちらもうまく育たないか、うまく機能しないので、破壊的行動に至ってしまうということが多いようだ。

「挫折した愛」としての憎しみ

死の本能が生得的に備わったものであるとする考え方にも表れているように、フロイトは、愛や憎しみの性向には先天的な要素が強いと考えていた。また、エディプス・コンプレックスを人間の中核的な葛藤《かっとう》と考えたように、父子関係を重視した。

それに対して、精神分析を学んだ人の中からも異論を唱える人が出てきた。その一人が、イギリスの精神科医アイアン・D・サティ（一八八九－一九三五）である。サティは、後天的な要因、ことに母親との関係を重視し、幼児期に受けた体験が憎しみを生み出すという仮説を、主著『愛憎の起源』で提示した。

サティは、幼児の心は養育のされ方に順応してつくられるもので、本能的な衝動の塊ではないというところから議論を始める。幼児は他者に依存しつつ自立へと向かって成長していくが、保護されている状態があまりにも急激に脅《おびや》かされると、情緒的ストレスが生まれる。幼児が依存願望を徐々に放棄し心理的な離乳を成し遂げていくうえで決定的な役割を果たせるのは、「愛の対象」である母親だけである。外的な要因がそうした母親本来の役割を邪魔してしまうと、幼児は情緒的ストレスを強め、将来の精神疾患の原因ともなる。

つまり、憎しみは生まれつき備わった破壊本能なのではなく、「挫折《ざせつ》した愛」にほかならないとしたのである。

こうした考え方は、次項で述べるクラインや、クラインから教えを受けたウィニコット、また、愛着理論を生み出すボウルビィなどに影響を与えることになる。

思い通りにならないものは「悪」

メラニー・クライン（一八八二－一九六〇）はうつになったことがきっかけでフロイト派の精神分析を受け、回復後は児童の精神分析を手掛けるようになった女性精神分析家である。やがて、フロイトの娘アンナとの確執からフロイト派を離れ、独自の学派を作った。

クラインは、フロイトの「死の本能」の概念にインスピレーションを受け、乳児がもつ破壊的な攻撃性に注目した。乳児は、お乳がよく出る「良いオッパイ」に対しては満足そうな反応をするが、お乳の出ない「悪いオッパイ」に対しては、泣きわめいて激しく抗議するだけでなく、怒りにとらわれて攻撃的な態度さえとる。

このとき、乳児は、母親の一部であるオッパイが自分の欲求を満たしてくれているかどうかしか眼中になく、いつも母親が自分に安らぎと栄養を与えてくれているということなどにはおかまいなしだ。こうした段階の他者との関係を、クラインは「部分対象関係」と呼んだ。

それに対して、良い側面も悪い側面も両方をあわせもった一個の存在として母親をとらえる関係を「全体対象関係」と呼んで区別した。全体対象関係が育つためには、十分な世話と愛情によって「良い母親」が「悪い母親」よりもたっぷりと与えられることが大事だとクラインは述べている。ただし、「悪い母親」の部分も少しは必要で、それによって乳児は思い通りにならないことも体験し、ときには母親から叱《しか》られることで、わが身の非を振り返ることを学んでいく。

全体対象関係と部分対象関係の発達上の違いは、大きく三つの点に集約される。

一つ目は、相手を自分の一部のようにみなす境界のあいまいな関係から、独立の存在として自他を区別するようになることである。

二つ目は、思い通りにならないことに対して、怒りや攻撃で反応するという他罰的な反応ではなく、自分にも非があるかもしれないと振り返る自罰的な反応の発達である。それは、内省力の発達と対応している。

三つ目は、相手の気持ちに立って考えられるようになるという点だ。共感性の萌芽《ほうが》をそこに認めることができる。

この三つの変化は並行して起きる。自分を振り返る内省力が高まると、攻撃性のコントロールも発達してくる。さらに、共感性が発達して相手の気持ちを思いやれるようになると、攻撃性には、もう一段の歯止めがかかるようになる。攻撃性には、内省力と共感性という二重のブレーキがかかる仕組みになっているのだ。

逆に言えば、部分対象関係にとどまっている人は、自他の境界もあいまいで、相手が思い通りに動いてくれることを期待し、期待外れだと激しい怒りを感じてしまう。うまくいかないことは全部相手のせいに思え、自分を振り返ることも、相手の気持ちになって考えることも難しいため、攻撃性のコントロールが弱くなりやすい。

自分の非を受け入れることは不快なので、逆に居丈高になり、相手を攻撃し優位に立つことで自分を守ろうとする。こうした防衛メカニズムは「躁《そう》的防衛」と呼ばれる。いわゆる逆ギレは、躁的防衛の結果だと言える。

クラインの部分対象関係は、思い通りにならないものは異物（悪）という極端な認識や異物とみなした他者を攻撃・排除しようとするメカニズムを理解するうえで、先駆的な理論だと言えるだろう。

自己愛の病理

仲間さえも愛せず憎悪してしまう心の病理を理解するうえで有用なのは、アメリカの精神分析医ハインツ・コフート（一九一三－八一）に始まる自己愛の理論である。自己愛がバランスよく満たされ健全な発達を遂げていると、自分が所属する集団や仲間に対しても、自然な愛情が生まれてくる。しかし、一番愛されたかったときに傷つけられたりないがしろにされたりして、自分が受け入れられ愛されたという感覚を欠いたまま育つと、脆《もろ》く、弱々しい自己愛しか育《はぐく》めず、そんな自分を愛せないだけでなく、仲間や人間全般に対しても、不信感やその不幸を願う気持ちを抱えることになる。

自信過剰で、他人を見下した態度をとる自己愛性パーソナリティ障害の人では、幼い自己愛の願望が満たされないまま未熟な発達段階にとどまっている。見かけの尊大さとは裏腹に、内側にあるのは、劣等感にまみれた貧弱で幼稚な自己愛だ。それを補うために、傲慢《ごうまん》に他者をさげすむ態度や周囲からの賞賛を必要とするのだ。

精神分析医のデビッド・マンによれば、自己愛性パーソナリティ障害の中核的な困難は、自己愛が強すぎることではなく、自分も他人も愛せないこと、すなわち、愛することの障害だという。そして、さらにその奥には、強すぎる憎しみがあるという。

つまり、過剰な憎しみこそが、自己愛性パーソナリティ障害の本質だと言うのである。

それは、愛されないことへの憎しみである。愛されない自分、愛してくれない他者、さらには社会全般への憎しみが、心の深奥《しんおう》を支配してしまうのだ。

他者に対し、愛などもはや期待しない。本当の愛を求めようとすれば、また傷つけられるだけだからだ。したがって、他者に求めるのは、金だったり、物だったり、体だったり、奴隷《どれい》のような服従だったり、ホステス（ホスト）のような奉仕だったりする。一切逆らわずに言いなりになるならよし、さもなければ破壊し尽くすのみ。自分に刃向う存在など、目障《めざわ》りな異物にすぎず、抹殺したいと思ってしまう。自分と同一のものしか受け入れられない。それをもたらしているのは、傷ついた自己愛の怒りであり憎しみである。

愛着障害と人間アレルギー

他者を受容するか拒絶するかを左右する仕組みとして、近年注目されるようになったのが、「愛着」である。愛着は、幼い子どもが養育者との間に形成する絆《きずな》である。イギリスの精神科医ジョン・ボウルビィ（一九〇七－九〇）によって発見され、アメリカの心理学者ハリー・ハーロウ（一九〇五－八一）によって裏付けられた。さらに、その後の研究によって、愛着は子どもの成長・発達に不可欠な役割を果たしているだけでなく、成人後の対人関係や愛情生活、ストレス耐性、心身の健康を左右していることもわかってきた。

愛着は、人間だけでなく、哺乳《ほにゅう》類、ことに社会性の高い哺乳類に共有されている仕組みである。子どもは愛着対象に密着し、世話を受け、相互的な関係を築くことで、基本的安心感や社会性の土台を獲得していく。安定した愛着が形成されるためには、タイムリミットとされる一歳半までの間に、特定の養育者との十分な密着と応答的なかかわりを通じた濃厚な関係が築かれることが不可欠である。

愛着障害は、不幸にもその機会に十分恵まれず、愛着形成が不完全になることで起きる。養育者が子どもへの愛情深いかかわりを怠ったり、安心感を与える存在として機能しなかったり、頻繁に交代したりすることも原因となる。その後のかかわりによってある程度補うこともできるが、幼い頃に受けたダメージが残ってしまうと、不安定な愛着パターンを引きずり、適切な人間関係が維持されにくい。

愛着がうまく形成されない場合にも、大きく二つのタイプがある。親密な人間関係自体を求めようとせず、孤独なライフスタイルを好み、人付き合いはしても表面的な関係に留めるタイプは「回避型」と呼ばれる。もう一つは、親密な人間関係を過剰なほどに求めて接近と破綻《はたん》を繰り返すタイプで、「不安型」とか「抵抗／両価型」（単に両価型と呼ぶこともある）と呼ばれる。

回避型の人では、親密な関係になかなか進展せず、仮に家庭をもったとしても、どこかうわのそらな態度になってしまう。配偶者も子どもも放って置かれたという思いを抱きやすく、その思いが次第に怒りや恨みとなって募っていく。だが、回避型の人は、まったくそのことに気づかない。回避型の人が経済的な役割を終えると家庭から排除されてしまうことが多いのも、積年の恨みの結果である。

一方、不安型は、自分が見捨てられるのではないか、拒否されるのではないかという不安が強く、過剰に相手の愛情や承認を求めようとする。両価型の「両価《アンビバレンス》」とは、相手に過剰に依存する一方で、相手のわずかな非にも怒り責めるという相反する傾向が併存している点をさす。そのため、自分の支えとなり利益をもたらしてくれている人に対しても厳しい目を向け全否定するような言い方をしてしまう。相手も嫌気がさし、関係が終わってしまうこともしばしばだ。自分の振る舞いによって、結局恐れていることを実現してしまうのである。

いずれのタイプも、よほど忍耐強く支えになってくれる相手に出会わない限り、安定した幸福は手に入りにくい。

また、愛着障害の人は、自分自身が安定した愛情を受けて育っていないので、子育てに困難を抱えやすい。傷が深い人では、子どもをもつのが怖いというケースも多い。

対人関係や子育ての問題と並んで、愛着障害を特徴づけるのは、基本的安心感が乏しく、自己への違和感や自己否定を抱えやすいことだ。自分はどこか変だ、何かが欠けている、何か空《むな》しい、生きている意味がわからないというふうに、存在の根幹にかかわる部分におぼつかなさを感じるため、アイデンティティの獲得にも苦労しがちである。

過敏でストレスに弱い面をもち、一見強そうだったりクールに見える場合も、実は体がストレスを感じていて、あっけなく潰《つぶ》れてしまったりする。実際、愛着が不安定な人は、うつや心身症などになりやすい傾向がみられる。

他者への嫌悪や拒絶反応にさいなまれる人々には、背景にしばしば不安定な愛着が認められる。ただし、愛着の安定した人でも、特定の人に対して強い嫌悪や拒絶反応を示す場合がある。逆に愛着の不安定な人でも、特定の人を優しく受容し続けることがある。人間の人間に対する嫌悪と拒絶反応は、愛着理論だけでは説明しきれない部分が残る。

ストレスとトラウマ理論

人間の人間に対する嫌悪や拒絶反応を理解するうえで、もう一つ有用なのは、ストレスや心的外傷《トラウマ》についての理論である。

環境からストレスを受けると、ストレス反応と呼ばれる防御反応が生じる。ステロイドホルモンを分泌《ぶんぴつ》するとともに、交感神経を興奮させ、火事場の馬鹿《ばか》力を発揮させることで、難局を乗り切らせるのだ。

しかし、それは脳や体に無理を強いる。短期戦なら耐えられるが、万一長引いてしまったり、あまりにストレスが強すぎたりすると、過剰な神経興奮が続くことで心身にダメージが起きてくる。胃潰瘍《いかいよう》、高血圧、糖尿、脳の機能低下、海馬《かいば》の萎縮《いしゅく》……。

そうした強いストレスが引き起こす不可逆的な変化が、トラウマである。トラウマは、たった一度の過酷な体験によって生じることもあれば、短期間なら耐えられるストレスが長期に及び限界を超えてしまうことによる場合もある。

強いトラウマ体験がもたらす長期にわたる後遺症は、心的外傷後ストレス障害《PTSD》と呼ばれるようになった。PTSDになった人は、過覚醒《かかくせい》やフラッシュバックに苦しめられるだけでなく、その体験と結びついた状況を避けるようになる。ある人物から、不快な思いをさせられれば、その人物を見ただけで、体がこわばり、顔が歪《ゆが》み、動悸《どうき》がしたり息苦しくなったりといった自律神経の反応を引き起こす。

だが、トラウマの影響はそれだけにとどまらない。人は極度に安全を脅かされる体験をすると、世界に対する安心感を失うだけでなく、人に対する信頼感さえも失ってしまいやすい。それまで心を許せていた家族や友人さえも見知らぬ他人のように感じ、拒否してしまう。トラウマは、トラウマと直接関係のない人と人とのつながりにまで破壊的な作用を及ぼしてしまうのだ。

では、他者に対する嫌悪や拒絶反応は、何らかのトラウマの結果なのだろうか。

確かに、トラウマが原因となることはある。だが、常にそうだというわけではない。

強いトラウマを受けながらも、人間に対する嫌悪や拒絶反応を示さない人もいれば、トラウマと呼べるほど強いストレスが加わったはずもないのに、激しい嫌悪や拒絶反応が起きることも稀《まれ》ではない。一目ぼれした相手と数日後に大ゲンカをして別れるといったケースは、その典型だ。愛し合い、相性も良かったはずのカップルが、いつとはなく互いの欠点に嫌気がさしてくることもある。これらは、トラウマ・モデルでは説明しがたい。

嫌悪感の生理学

人間に対する嫌悪や拒絶反応を、生理学的に理解することはできないだろうか。本章の最後に、基本情動の一つである嫌悪感について、生理学が明らかにしてきた事実に触れておくこととしよう。

生まれついたときには、嫌悪感という感情は存在しないとされる。嫌悪感は、後天的に獲得される感情だと考えられているのだ。実際、多くの大人が嫌悪感を催すような不快な写真やぞっとするような生き物を赤ん坊に見せても、赤ん坊は平然としているか、むしろ好奇心を見せる。苦みと痛みは例外として、大人が不快に思う匂《にお》いや味に対しても、何ら拒否感を示すことなく、あっさり受け入れてしまう。

しかし、われわれは生きている間に次々と嫌悪すべき対象のブラックリストを増やしていく。そうすることによって、危険から身を守っているのだ。

生物学的には、嫌悪感は、病原菌や毒素、捕食者、有害生物などの危険から身を守るために発達した情動である。危険な存在の兆候として脳に刻み込まれ、再び出会ったときには、当の本人はかつての体験を覚えていなくても、勝手に嫌悪感がこみあげてきて、摂食や接触を避けようとする。

嫌悪感は学習されたものという原則にも例外があることが知られている。異性の匂いに対する感受性である。自分と免疫《めんえき》系の遺伝子タイプが近いと不快な匂いだと感じ、まったく違う遺伝子タイプだと心地よく感じる。これは、どうやら先天的に身に付けたもののようだ。この仕組みによって、免疫系に弱点が生じることを防ぎ、丈夫な子どもを授かりやすくしている。

匂いに限らず、思春期以降、若者は好きか嫌いかということに敏感になり、嫌いと感じたものに対しては、強い拒否を示すようになる。性ホルモンの影響による現象だが、こうした強い嫌悪感や潔癖さには、重要な役割がある。それは、自分にふさわしいパートナーを選ぶということである。自分の人生だけでなく、子孫の存亡にもかかわる選択で、不利な相手を厳しく排除しているのだ。

こうした仕組みは、過剰に働かない限り、身を守るのに役立っている。では、なぜしばしば過剰に働いてしまうのだろうか。

嫌悪感は二次的に学習される

嫌悪感は後天的に学習されるだけでなく、伝聞や疑似体験でも、まるで「伝染」するように二次的に学習される。自分自身が痛い思いをしなくても、周囲の人が強い嫌悪感を示しているのを見ると、嫌悪反応が起きるようになってしまう。昆虫に何の嫌悪感ももたない子どもも、昆虫嫌いの母親が蛾《が》や幼虫を見て気持ち悪そうにしているさまに触れるうちに、昆虫嫌いになってしまうことは多い。

人間に対する嫌悪や拒絶反応も同じだ。いつも誰かの悪口や否定的な評価を聞かされていると、自分には何の害があったわけでなくても、その人に強い拒絶反応を生じてしまう。たとえば、母親が絶えず父親に対する不満や怒りを話していると、子どもは父親を忌《い》み嫌うようになる。有色人種に対して差別的な環境で育てば、有色人種から何ら危害を加えられたことがなくても、嫌悪感や敵意をもつようになる。

嫌悪感の二次的な学習は、嫌悪反応が過剰に起きてしまう理由を一部説明するだろう。だが、たとえば、少し前までほめそやしていた相手を、ささいな行き違いから激しく嫌うようになるといった現象は、嫌悪感の学習という枠組みだけでは説明が難しい。

人間の人間に対する嫌悪と拒絶反応は、一体なぜ起こるのだろうか。

第三章　人間アレルギーのメカニズム

人間アレルギーというアプローチ

人間の心を支配する憎しみや嫌悪《けんお》、悪意や攻撃といったネガティブな側面を理解しようとする先人たちの試みの多様さは、人間存在の奥深さとそれゆえの問題の根深さを示している。しかし、前章で述べたどの理論や言説も、人間の人間に対する拒絶と排除という現象の理解に一筋の光を投げかけつつも、その全貌《ぜんぼう》をとらえ、本質を完全にとらえるところまでは至っていない。いま、そこに肉迫するためには、従来の視点を超えた、さらなるアプローチが必要である。

人が人を嫌悪し、拒絶する心のメカニズム。私はそれを、心理的なアレルギー現象である人間アレルギーとしてとらえ、精神病理学的アプローチで解き明かしていきたいと思う。

人間アレルギーという視点を本書で提示するのは、この理論が、従来の理論にもまして、現代の人間関係の諸相を説明するのに有用だと感じているからだ。

そこで下敷きとなるモデルを提供してくれるのは、身体的な免疫《めんえき》やアレルギーの仕組みである。幸いなことに、免疫学やアレルギー学の発展はすさまじく、その驚くべきメカニズムが、かなり詳細にわかってきている。そして、興味深いことに、心の免疫の仕組みは、身体の免疫の仕組みと共通する点が多々あるのである。

Ⅰ「心の免疫」の仕組み

異物を記憶し、排除する仕組み

免疫とは、生体が異物の侵入や感染から身を守る仕組みのことである。異物を排除して生体を防御する反応は、免疫反応と呼ばれる。免疫反応は、生命を維持するうえで不可欠な仕組みである。

ギリシャ時代から、人は一度疫病にかかり回復すると二度と同じ疫病にかからないことが知られていた。免疫は異物を排除する仕組みであると同時に、一つの記憶システムである。過去に侵入を受けた異物を永久に記憶して、再び同じ異物が侵入したら、ただちにそれを識別し、破壊・排除する。

アレルギーは、こうした免疫反応が過剰に起きてしまう状態だ。攻撃・排除する必要のないものでも、ひとたび異物だと認めてしまうと、徹底的な攻撃により排除しようとする。それが本来は自分にとって有益なものであってもだ。ときには、自分自身の体の一部や細胞が標的になることもある。いったん異物のリストに加えられてしまうと、そこから削除するのは容易でない。

心にも免疫の仕組みがある

人間の心にも免疫に相当する仕組みが備わっている。そして、心の免疫反応にも、異物を攻撃・排除する仕組みとともに、過去に侵入した異物を記憶する仕組みが備わっている。

たとえば、誰かに恐怖や苦痛を味わわされる経験をすると、恐怖や苦痛を与えた人物が記憶されるだけでなく、その場面に関係した事実もまた記憶に刻み付けられる。そして、当の人物に出くわした場合は無論のこと、その場面を連想させられるような状況に遭遇しただけで警報が鳴り、回避や戦闘の準備がなされる。この仕組みは強力かつ徹底したものであり、理性によってコントロールするのは容易ではない。

人間アレルギーは、さほど有害でない人物に対しても、このような心の免疫反応が作動してしまう状態である。そこまで恐れ、拒絶する必要のない存在であっても、回避あるいは攻撃・排除しようとする。いったん人間アレルギーが起きてしまうと、仲間や伴侶《はんりょ》や家族さえも異物とみなされ、回避や攻撃・排除の対象とされる。ときには特定の人物だけでなく、人間全般が異物として認識され、排除リストに登録されてしまうこともある。そうなると、他者と親しくしたい、円満な関係を築きたいと思っても衝突やすれ違いが避けられない。

多様な防衛メカニズム

心の免疫の仕組みは、これまで「防衛反応」や「防衛メカニズム」と呼ばれてきた。しかし、その仕組みは、従来その名のもとに知られてきたものよりも、もっと幅広く、多様である。

ストレスや不快な出来事、受け入れがたい事態に対して精神のバランスを保つために、心はさまざまな防衛反応を起こす。たとえば、考えたくないことを心の奥底に封じ込め、忘れてしまおうとする。「抑圧」という防衛メカニズムだ。

睡眠や夢もまた、心の浄化システムとして機能している。夢の中でわれわれがしばしば行っているのは、現実の状況をもっと受け入れやすい別の状況に置き換えることである。これは「置換」と呼ばれる。

自分を攻撃する存在に「同一化」し、心のバランスをとろうとする場合もある。虐《ぎゃく》待《たい》されている子どもはしばしばそうした防衛メカニズムを用いることで、親を憎むことを避けようとする。「反動形成」により、むしろ親を理想化し、過剰なまでに孝行をしようとする場合もある。

受け入れがたい事態を、より高次な形に変えて、受け入れ、乗り越えようとする場合は、「昇華」と呼ばれる。虐待されて育った人が同じような境遇の子どもを救う仕事に携わる場合にも、そうした心のメカニズムが働いていると言えるだろう。

欲求を衝動的な行動に移す「行動化」は、心の防衛反応の失敗の結果とみなされることが多いが、実際には重要な心の免疫反応だと言えるだろう。攻撃されればやり返し、相手に痛みを与えることで憂《う》さを晴らそうとするのは、その典型だ。ただし、攻撃は、攻撃を加えてきた当の相手ではなく、依存している対象やより攻撃しやすい弱い対象に向けられやすい。家庭内暴力やいじめは、そうした利得の側面があるがゆえに、容易には収まらない。

心が対処できないほどの傷を受けたとき、潰《つぶ》れてしまうのを防ぐために緊急避難的に起きるのが「解離」である。意識や記憶のつながりを、いったん遮断する仕組みだ。

トカゲが命を守るために、自らのしっぽを切り離して逃げるようなものである。

抱えきれないような苦痛に出会った場合、ときには「隔離」が使われることもある。出来事と感情を切り離すことで、苦痛から逃れようとする防衛反応である。出来事の記憶は保たれるが、そこには感情が伴わない。切り離された感情は、突拍子もないものに姿を変えて、無関係な場面に現れたりする。衝動的な殺人や理解しがたい暴力犯罪で、当然伴うはずの感情が脱落しているようなケースでは、過去のトラウマ体験から切り離され、亡霊のようにさまよい出た傷ついた感情が、思いがけない行動となって表れていたという状況が認められることがある。

人間アレルギーの状態では、異物とみなした存在に対して攻撃や排除が亢進《こうしん》している。「行動化」とともに、前章で触れた「投影」「躁《そう》的防衛」「自己愛的防衛」といった、より自己防衛的で他罰的な防衛メカニズムが用いられやすいが、同時に自閉的になったり、距離をとって親密な関係を「回避」することで、身を守ろうとすることもしばしばである。

自然免疫と獲得免疫

免疫は異物の攻撃から生体が自らを守る仕組みだが、大きく二つのシステムから成り立っている。

一つは、「自然免疫」と呼ばれるもので、外部からの侵入者全般に対して緩く防御をしている、いわばガードマンである。昆虫のような比較的単純な生物は、自然免疫だけで身を守っている。自然免疫で防ぎきれないような強力な侵入者が一度にたくさん入ってくるような事態になれば、まず助かる見込みはない。たとえば、ケガをして傷ができたりすると致死率が極めて高いが、多産多死を前提とする生物の世界では、一つ一つの個体はいわばワンシーズンごとの使い捨てなので、それで十分なのだ。

脊椎《せきつい》動物のような、より複雑で、成長に時間を要する生物は長生きする必要があり、もう一つの免疫システムが進化した。それが、「獲得免疫」と呼ばれるものである。

獲得とは、後天的に手に入れたという意味である。

この免疫システムでは、過去に出会ったすべての病原体や異物のリストを記憶し、それぞれを専門に処理する特殊部隊を、有事に備えてストックしてある。細菌やウイルスだけでも、驚くべき種類の侵入者が存在する。それゆえ、平時において滅多に出番のない特殊部隊を大勢養うことは無駄である。そこで、しばらく侵入がない異物については特殊部隊の数がどんどん減らされて、最小の単位だけがいざというときのために保存される。万一侵入を受けると、専門の特殊部隊は急激に増殖することで対処する。

こうした仕組みは、有害な細菌やウイルスを排除するのに役立つ一方で、過剰に働くとアレルギーとなって、排除する必要のないものまで排除しようとしてしまう。

心の免疫を考える場合にも、自然免疫や獲得免疫に相当する仕組みがある。自然免疫に相当するのは、生まれながらに備わった、ストレスや他者からの攻撃に対処する力である。先に述べたように、睡眠や夢は、ストレスを解毒《げどく》処理するために先天的に備わった極めて重要な仕組みである。忘却も正気を保つために必要不可欠だ。情動反応や、それと結びついた戦うか逃げるか《ファイト・オア・フライト》の反応も、心の自然免疫によるものだ。社会体験の乏しい幼い子どもでも、何か不快な体験をしたり攻撃を受けたときは、怒り、泣き喚《わめ》き、ときには反撃したり、助けを求めようとするだろう。

そして、人間の心にはさらに進化した免疫システムが備わっている。体験によって学習した心の獲得免疫である。そこには、過去に出会った異物のリストと照らし合わせて危険な相手を識別する能力と、相手の特性に応じて有効な対処を行う能力の両方が含まれる。どの程度気を許していいかを素早く見抜き、適正な対処を選択する。危険な相手と判断すれば、嫌悪や反発、憎しみといった心理的な拒絶反応が発動し、近寄らないように回避する。それでも相手が図々《ずうずう》しく接近してきたりすれば拒絶のバリアーを張り、万一攻撃して来たりすれば反撃してダメージを与える。そうすることで、相手も滅多なことでは侵犯や攻撃をしてこなくなる。まさに免疫が成立するのである。

信用してはいけない相手と親しくなったり、危険な相手に好意を抱いたりすることで大きな損失を被《こうむ》り、人生を棒に振る例は枚挙に暇《いとま》がない。そうした事態を未然に防ぐために、この人は信用できない、危険であるという匂《にお》いを嗅《か》ぎ分け、拒絶反応を起こすことで、その接近や侵入を食い止める必要があるのだ。

こうした心の免疫反応は、対人関係において不利益や不当な搾取《さくしゅ》を受けないために、とても重要な仕組みだと言える。体の免疫反応が肉体の健康と生存を守るうえで不可欠なように、心の免疫反応は、精神の自由と自立を守り、心の健康と存立を保つのに欠かせない。

異物と身内を区別する仕組み

われわれは無数の異物に囲まれて暮らしている。そこで生きていくためには、有害な異物や外敵を排除するだけでなく、無害な存在や自分の味方になってくれる存在、有益な存在とは共存関係を築いていかねばならない。

そのため、われわれは共存すべき存在まで攻撃・排除することにブレーキがかかるようにできている。この仕組みがうまく機能しなくなった状態がアレルギーともいえる。

異物でない存在、つまり自分や身内とみなした存在に対して攻撃・排除を抑える仕組みを「免疫寛容」という。免疫系が未完成なごく幼い時期に接触した物質に対しては、異物としてではなく、自己の一部として受け入れ、免疫反応（拒絶反応）が起きなくなる。早い時期から共存していた存在は身内とみなされるのである。一方、いったん免疫系が発達してからやってきたものは、よそ者とみなされ、攻撃と排除の対象となる。

心の免疫においても、同様の仕組みを認めることができる。それが、心の免疫寛容である。

心の免疫寛容と愛着

他者をすべて異物とみなして、片っ端から攻撃・排除しようとしたのでは、社会生活はたちまち行き詰ってしまう。体が栄養や休息を必要とするように、心も周囲からの支えや愛情を必要とする。害のある存在は攻撃・排除する必要があるが、社会的な生き物としてやっていくためには、自分にとって害のない存在、支えになってくれる存在に対しては、心の免疫寛容を成立させ、敵とみなさない仕組みが必要である。

実は、われわれにはその仕組みが備わっている。それが、前章で触れた「愛着」である。ごく幼い時期に常にそばにいて世話や愛情を与えてくれた存在に対しては、愛着という生物学的な絆《きずな》を形成し、永続的な親愛の情と信頼が生まれるのだ。他者ではあるが、自己とつながった存在として受け入れ、いざというときはその懐《ふところ》へ避難できる安心の拠《よ》り所《どころ》となる。

全幅の信頼をおく特定の存在との間に形成された愛着は、人間関係の土台となり、他者に親しみを覚えたり一緒にいることを楽しんだりといった交わりを容易にする。

幼い時期に養育者との間に安定した愛着が形成されないと、他の人間を極度に警戒し打ち解けることができなかったり、持続的な信頼関係を保ちにくかったりする。養育者との愛着が安定している子どもの方が、他者と親密な関係を築きやすいだけでなく、その子にとって有害な存在を排除する能力も高い。その逆もまた然《しか》り。早期に安定した愛着を獲得できないと、必要な人と親密な関係を築けないだけでなく、有害な人に接近してしまうリスクも増えてしまうのだ。愛着は、心の免疫機能に密接にかかわっているのである。

惹かれてはいけない人に惹かれてしまうのは

分娩《ぶんべん》時などに親から子どもに肝炎ウイルスが感染した場合、子どもはまったく無症状であることが多い。幼い子どもの体はウイルスを受け入れてしまい、闘おうとしないのだ。その結果、無症状だが、体にはウイルスがはびこり続けて「キャリア」と呼ばれる状態となる。肝炎ウイルスに対して免疫寛容が成立してしまうのである。

同様のことが、心の免疫寛容でも起きてしまう場合がある。幼い頃身近に接した存在に安心感を覚え、何の抵抗もなく受け入れてしまうため、それが世間一般ではあまり歓迎されない困った特性であったとしても、通常なら感じる危険を感じず、警戒心も起きないのだ。むしろ親しみや安心感を覚えて惹《ひ》かれてしまうこともある。

【危険な男性にしかときめかない】

十八歳の和佳奈《わかな》さん（仮名）が、周囲の熱心な説得にもかかわらず、入れ墨を入れてしまった。せっかく入った大学も辞めてしまい、キャバクラで働いている。専門職として会社勤めをしている生真面目《きまじめ》な母親は、娘が一体何を考えているのかわからないと言って嘆いた。人目を引く美しい顔立ちをしていて、頭もよく、ピアノのコンクールで優勝したこともあったのに……。

和佳奈さんが小学四年生のときに、父親の暴力と借金問題で両親は離婚した。以来、父親とは会っていないが、和佳奈さんは父親を求める気持ちをずっと引きずっていた。父親は若い頃暴走族で鳴らしたこともあり、肩に入れ墨を入れていた。乱暴ではあったが、することなすことが格好良く、逞《たくま》しい男性的な魅力があった。

母親の実家は土建業を営んでいた。そこで働いていた父親が、まだ高校生だった母親をバイクで駅まで送ったのがきっかけとなり、やがて二人は肉体関係を結ぶ。問題があることはわかっていたが、生真面目な母親は、自分の処女を奪った男を諦《あきら》めることができなかった。親の反対を押し切って、駆け落ち同然に一緒になったものの、すぐに後悔することになる。離婚でやっと縁が切れて、母親はようやく落ち着いた暮らしができると思ったが、それは思い違いだった。和佳奈さんはぐれ始め、背中に入れ墨のあるような男とばかり付き合うようになったのだ。

一時は母娘の関係も悪化していたが、このままではよけいにだめになってしまうと、母親は関係修復に努め、和佳奈さんも母親の意を汲《く》んで大学に進学。母親の気に入るような同年代の〝普通の〟男性とも付き合ってみたが、まったく心がときめかなかった。ところが、危ない匂いのする男性に出会うと、惹きつけられてしまうのである。

過去のトラウマとブースター効果

免疫寛容のように免疫反応を抑えるメカニズムとは逆に、免疫反応を強める仕組みが、「ブースター効果」とよばれるものだ。幼児は免疫が弱いため、インフルエンザのワクチンを二度接種しないといけないのをご存じだろう。二度続けて抗原を入れることで、免疫をロケットブースターのように強力に後押しするのだ。

心の免疫でも同じような現象がみられる。一度痛い思いをしても、まだ懲《こ》りない人もいる。しかし、二度立て続けに同じような目に遭うと、さすがにそれに対して強い警戒心が生まれ、三度目に備えた対処がなされる。三度、四度と重なれば、なおさらだ。


人間アレルギーでも、初めて抗原に遭遇したときより、二度目、三度目に遭遇するほうが、アレルギー反応は強まっていく。

たとえば、過去にある人物に対して傷ついた体験があると、その人に再会したときは無論のこと、その人にどこか似た人と出くわしただけで、拒絶反応が生じてしまうことがある。自分でも理由がわからないのに、強い緊張や警戒心を掻《か》き立てられたり、意味もなく反発してしまったり、落ち着かない気分になったりする。

こうした現象は、これまでは陰性転移とか投影性同一視といった概念でとらえられてきたが、むしろ過去の人間アレルギーがアレルゲンに再び遭遇することによって再活性化されたと考えるほうが、理解しやすい。初めて会ったばかりなのに一気に強い拒絶反応や情緒不安定をきたすケースも、過去に感作を生じていた人間アレルギーがブースター効果により強められたと考えると、納得できる。

アレルゲンになるメカニズム

すべてのアレルギーは、後天的に発症する。花粉アレルギーの場合を考えれば、わかりやすいだろう。最近は、幼児にも花粉症が増えつつあるが、通常はある程度の年齢になってから発症することが多い。毎年花粉にさらされていてもどうもなかったのに、あるときから症状が出始める。いったん症状が出ると、毎年欠かさず出るようになる。それまで異物とみなされなかったものが、接触を繰り返すうちに、異物として認識されるようになるのだ。感作である。そして、ひとたび異物視されるようになると、その認識を変えるのは容易でない。

では、なぜ感作は生じてしまうのか。食物アレルギーやアトピー性皮膚炎、気管支喘息《ぜんそく》の場合には、次のような仕組みが想定されている。

通常、体は、皮膚や粘膜の表面を覆《おお》っている上皮細胞によって守られている。花粉や食物が入ろうとしても、上皮細胞という防御壁《バリアー》に遮られ体内に侵入することはない。ところが、たとえば風邪をひいて気管支粘膜が荒れていたり、皮膚に引っかき傷ができていたりすると、バリアーの破れ目から異物が侵入しやすくなる。表皮ではなく真皮にまで侵入を受けることで、今まで異物でなかったものが異物として認識され、攻撃と排除の対象となってしまう。その結果、アレルギーを発症してしまうと考えられる。

人間の心もふだんは心理的なバリアーに守られている。心のバリアーの外に存在するものに対しては、特に警戒反応も拒絶反応も生じない。ところが、心のバリアーが何らかの原因で傷つき、守りが弱まっているところに侵入が起きると、それは異物として認識され、攻撃と排除の対象となる。

言い換えれば、心が弱っているとき、追い打ちをかけるように不快な思いや苦痛を味わわされたりすると、今まで無害だった存在が安全を脅《おびや》かす異物とみなされてしまい、拒絶反応のスイッチが入るのである。愛していた人や、そばにいないと耐えられないほど好きだった人に対して、あるときから、近寄られるだけでも虫唾《むしず》が走るという拒絶反応を生じるようになったりする。

Ⅱ　なぜそれが「異物」になるのか

異物の判定基準

人間アレルギーは、他者を自分でない異物として認識し、排除するうえでの過剰反応である。

そもそも自分（身内）であるとか、そうでないといった認識は、どういうふうに行われているのだろうか。

人は、実にさまざまな基準で、その人が受け入れてよい仲間かどうかを判定する。容姿や社会的地位、趣味や教養、経済力、学歴、価値観、性格など判定の材料はいろいろあるだろう。だが、それらの点が理想通りでなくても、許容されることも多い。

一方で、おおむね眼鏡にかなったとしても、どうしても譲れない絶対条件がある。その点がひっかかってしまうと、それ以外がどうであれ、異物とみなしてしまう。たとえば、条件が良かったので結婚したものの結局別れてしまうという場合や、最初はいい関係だったのに険悪な関係で終わってしまうといった場合は、異物の判定基準に抵触してしまっている場合が多い。

一般的に異物かどうかを判定するうえで、致命的な基準とは何だろうか。

自分を害することがないか

最も重要な基準は、自分に害をもたらさないということである。暴力のような身体的な危害は言うまでもなく、気持ちやプライドや領分を侵害しないという点も重視される。

たとえ多少の迷惑をかけていても、気持ちや相手の領分を侵害するようなことさえしなければ、許容されるチャンスがある。

【憎めないキャラ】

かつて私の同僚だった医師に、風変わりな男がいた。芸術家肌で、朝が弱いため、よく遅刻する。看護師が電話をかけて起こさないといけないことも度々だ。何事もマイペースでぼんやりしているので、うっかり薬の処方を忘れていたりする。しかし、大きなトラブルになることは意外にない。担当の看護師が細心の注意を払って、チェックしているからだ。担当の看護師にすればお守《も》りで大変なはずだが、悪く言う声を聞いたことがない。そういうキャラクターとして受け入れられ、親しまれていた。一番の理由は、彼が一度も周囲を責めたり、尊大な態度をとったりしなかったということである。また、自分から面倒なことを買って出て、損な役回りを引き受けるところもあった。つまり彼はきっちりした性格ではなかったが、決して利己的ではなかったし、ましてや人に責任を転嫁《てんか》したり、攻撃したりすることは一切なかったのだ。他人の気持ちや領分を害さなかったので、仲間として受け入れられたのである。
自分の格好悪い面を隠さずにさらけ出していたことも、彼に対する親しみを増し、拒絶反応を抑えただろう。丸腰の人を攻撃するのは、誰だって躊躇《ためら》われるのだ。出世には興味のない人だったが、その後大学に戻って教授になった。敵を作らない性格や野心のなさが、周囲の警戒心を薄れさせ、引き立てや出世につながったとも言える。

逆に、相手の気持ちを害するような言動や態度をついとってしまう人は、強いアレルギー反応の種をまき散らすことになる。イライラするとつい感情的な言葉を使い、気分が顔や態度に出てしまう人は要注意だ。拒絶反応は着実に累積《るいせき》していくので、その人が弱ったとき、四面楚歌《しめんそか》の攻撃を受け、排除されることになる。

常識やルールを共有できるか

次に重要な判定基準は、自分と常識やルールを共有できるかということである。常識やルールが食い違うと、当てが外れたり、期待を裏切られたりする。良かれと思ってやったことで、逆に叱《しか》られたりもする。非常にやりにくくストレスが増える。

多少の違いがあっても、その人なりのルールが周囲にも理解されていて、あらかじめ予想がつく場合には、許容されることもある。先ほどの医師のようなケースだ。しかし、それにも限度がある。互いのルールが違いすぎる場合には異物とみなされて排除や攻撃の対象になってしまいやすい。

常識やルールは、人によってかなり幅がある。正反対と言っていいくらい異なる場合もある。たとえば、伝統的な価値を重んじる生き方をしてきた人は、社会常識を無視した生き方に強い拒否感を覚えるだろう。逆に自由を求めて生きてきた人にとって、既存の価値に縛られた生き方はくだらないものと映るだろう。

それぞれにそれぞれの理屈があり、いくら話したところで議論をかみ合わせることは難しい。ある意味、それは血液型のような多型《ヴァリエーション》であり、どちらかに軍配を挙げるような問題ではないからだ。

どれにも一長一短があり、状況によって有利にも不利にも転ぶ。どれか一つに限ってしまうと、環境が変わったとき、種自体の生存が危険にさらされてしまう。リスクを分散し、絶滅を避けるために、さまざまな多型がプールされているのだ。そういう視点で見ると、どんな変種も、種全体の生存に役に立つ側面があるから生き残っていると言える。

ところが現実には、その違いにこだわり続け、いがみ合いや争いが繰り広げられることが少なくない。全体的に見ればどちらも必要とはいえ、常識やルールが異なるもの同士が身近に共存するのは、それほど容易ではないということだろう。

【愉快な友だちのはずが】

ひろみさん（仮名）は、四十代の専業主婦である。一年程前からスポーツジムに通い始め、そこでとても明るい人柄の優里奈《ゆりな》さん（仮名）と知り合った。話が合い、一緒にランチやお茶をして、世間話に花を咲かせるのが楽しみとなっていた。

ところが、親しく付き合い始めて半年ほどたった頃から、優里奈さんがお金に汚いことが気になるようになった。最初のうちは交互に奢《おご》り合っていたが、最近はひろみさんに甘えるのが当然のようになって、ろくに礼を言わないこともある。そう思い始めると、優里奈さんの性格のずぼらなところがいろいろ気になり始め、話をしていても心から同意できないことが増えていった。

食い違いが決定的になったのは、男性の浮気に話が及んだときのことだ。優里奈さんは、「男なんてみんな浮気するのよ。わからないように上手にやる男と、そうでない不器用な男がいるだけ」と言って、自分の夫の女遊びを面白おかしく話そうとした。ひろみさんが「うちは、そんなんじゃない」と思わず言い返すと、「あら、ごめんなさい。でも、そんなにむきにならないでよ」と、逆に笑われたのだ。

以来、優里奈さんの一言一言が癇《かん》に障《さわ》るようになり、ランチやお茶に誘われても断ることが増えた。たまにジムで姿を見かけたり声を聞いただけでも嫌悪感が走るようになり、楽しみにしていたジム通いもすっかり億劫《おっくう》になってしまった。結局、別のジムに移り、携帯電話も着信拒否にして、やっと心の平穏を取り戻した。

そこまで強い拒否反応が生じてしまったのは、お金のやり取りや貞操観念について、ひろみさんはことさら厳しく育てられ、譲れない点となっていたからだ。優里奈さんのルーズな生き方は、ひろみさんの価値観を否定するもので、笑ってすませられるものではなかったのだ。

こうした常識やルールの違いは、親密になるほど明らかになるものだが、妥協が難しいことも多い。相容《あいい》れない常識やルールの人と繰り返し接するうちに、自分の大切にしている信条やアイデンティティが脅かされるような不快さや苦痛が募ってくるものだ。

実際には、相手の常識に合わせるしかない場合もある。価値観を共有できる範囲内でのみ接触し、それ以外の面では距離をとるというのが、現実的な妥協策ということになろう。中には逆に相手にすっかり感化を受けて、別人のように変わってしまう場合もある。それも人間アレルギーを避けるための適応戦略なのだろう。

関心や気持ちを共有できるか

もう一つ重要な基準は、自分と関心や気持ちを共有できるかということである。この基準は、先に記した二つに比べると、ハードルが一段高いともいえる。ただ異物でないというだけでなく、気を許していい仲間として認め、親密な領域に招き入れるかどうかを見極めるうえで、重視される基準だ。

最初に、関心の共有について考えてみよう。

たとえば、あなたが野球の話をしたいと思って、野球選手の話を持ち出すとする。しかし、すぐに興味のないアイススケーターの話に切り替えられると、はぐらかされた気分になるだろう。

自分の仕事の大変さを話し始めたところ、「そんなことより、いつになったら課長になれるの」と混ぜ返されたら、それ以上話す気を失うだろう。まず関心を共有し、話題を合わせるという姿勢が、仲間として認められるうえで必須《ひっす》の条件となる。

相手の話題を無視して話を変えたり、相手の話していることをすぐ否定してしまう癖のある人は要注意だ。悪意がなくとも、話を共有できない人と思われ、いつしか異物とみなされてしまうだろう。目線を合わせて相槌《あいづち》をうったり、うなずいたりといった反応が乏しい人も、気を付けられたい。自分は話をきいているつもりでも、話をしている側からすると手ごたえが感じられないので、関心を共有できないように思われてしまう。周囲の人が集まって何か話をしているとき、自分には興味がないことだからと知らん顔をしてしまう人も、異物扱いされやすい。

勤めから疲れて帰ってきた夫は、妻から子どもやご近所の問題をくどくどと聞かされると、うんざりして生返事しかしなかったり、「もう疲れた」と話を打ち切ったりする。そうしたことが積み重なると、妻は夫を仲間というよりも、異物として認識し始める。拒絶反応が起きるのは時間の問題だ。

気持ちの共有は、さらにハードルが高い。心を許すことのできる仲間として認められるためには、この基準をクリアする必要がある。

自分のことをわかってもらえると感じると、つらさは半分になり喜びは二倍になる。気持ちを共有してもらえる存在を、愛着理論では、「安全基地」と呼ぶ。それは、最も信頼できる身内であり、異物とは正反対のものだ。

人は相手が安全基地であるかどうかを、知らずしらず見分けている。相手がそうだと、心地よい安心感に包まれ、そばにいるだけでほっとする。話しているうちに、自然に気持ちが整理され、いつのまにか答えが見つかり、力や勇気が湧《わ》いてくる。

しかし、本来一番心を開いてよいはずの親やパートナーでも、安全基地として失格となる場合がある。つらい気持ちを打ち明けても、努力が足りないと叱責《しっせき》されたり、求めてもいない助言や説教を押し付けられたりする場合だ。そうしたことが繰り返されれば、その人はむしろ煙たい存在となり、拒否反応しか起こらなくなる。

「安全基地」になれない典型的なタイプは、ただ話を聞いて共感するということができない人である。すぐにああしろ、こうしろとよけいなアドバイスや指導をしてしまう。自分の考えや意見を言ってしまう。相手はそんなことは求めておらず、ただ話をきいて、気持ちを共有してほしいだけだということがわからない。

それはまるで、つたないながらも自分で自分の曲を奏《かな》で、それを聞いてほしいと思っているのに、私ならもっとうまく弾けると、当人の弾こうとしている曲を押しのけて、別の曲を弾きだすようなものである。だれも、あなたの曲を聞きに来たわけではないのに。

なぜ多くの人が、お金を払ってまでカウンセリングを受けに来るのか。カウンセラーを心から信頼するようになるのか。それは気持ちを共有してもらえるからだ。多くの現代人にとって、心が通じ合う体験は、普段の生活の中でたやすくは得られなくなっている。

自分が自分であるために

「自分でないもの＝異物」を排除する反応は、自分が自分であるために必要な面もある。知らずしらず自分らしくないものに染まり、自分らしくない生き方へ引きずり込まれてしまわないためには、価値観を共有でき、尊敬し、心を許すに値する人と付き合ったほうがよい。同じ努力をし、生涯をかけるのであれば、深くかかわるべき相手かどうかを厳しい目で見極めなければならない。

拒絶反応が過剰に走り過ぎては困るが、相手が本当に信頼できるかどうかを、鋭敏なセンサーで見分けている面もある。特定の人に対して不信感や違和感をもち始めたとき、それが何を警告しようとしているのか、よく考えてみる必要がある。道を誤らないように、あなたを導こうとしているのかもしれない。

それまで大切に思っていた人に対して拒絶反応が生じた場合には、生き方や価値観といった根本的な問題において、岐路に差し掛かっていることが多い。それは、自分がこれまで避けてきた課題に、いよいよ向き合うべきときが来たことを教えてくれているのかもしれない。

Ⅲ　人間アレルギーの防波堤

小さな種は呑み込まれる

ある物質が、免疫《めんえき》細胞によって異物とみなされ、それに対する抗体が作られるのが感作である。抗体は侵入者に備えた地雷のようなもので、異物の侵入を発見すると同時に、破壊・排除の役割も担《にな》う。

アレルギーの場合には、主にIgE抗体というものが作られる。この抗体が地雷原のように免疫細胞の周りに付着して、異物の侵入を待ち受けている。異物が侵入して抗体と結合すると、それが引き金になって免疫細胞からヒスタミンなどの物質が一気に放出され、アレルギー反応が起きる。

蜂毒《はちどく》や薬物によって起きるアナフィラキシーのように、抗原に二度目に接触しただけで激しいアレルギーが起きることもあるが、通常は、感作され、抗体が作られても、すぐにアレルギーを発症するわけではない。

IgEを測定すると、花粉や食物、動物の毛、ハウスダストなどに対する抗体の値が正常より高く、検査上はアレルギーがあると判定されるのに、実際には無症状であるというケースが少なからずある。アレルギー準備状態と呼ばれる段階だ。この状態のまま生涯アレルギーを発症しない場合もある。

発症する場合も、多くは、何度も何度も繰り返し接触するうちに、徐々にアレルギーがひどくなり、ある時期から本格的なアレルギーに移行するという経過をたどる。感作しても、アレルギーを抑える仕組みが働いていると考えられる。

心の免疫システムでも同様のことが言える。違和感が生じ、小さな反発、不信といった心理的な抗体が生まれても、多くの場合、すぐさま本格的なアレルギー状態に至るわけではない。小さなアレルギーの種は呑《の》み込まれ許容される。アレルギーを抑える働きが、まだ保たれているのである。

心の免疫システムにおいて、身内に対する攻撃や排除を抑制する免疫寛容に相当する役割を担っているのが、先にも述べた愛着である。愛着が安定している人では、他者に対する過剰な異物反応も抑えられやすい。

長年付き合っている間柄ならば、多少の意見の違いはあって当然だ。付き合いが長くなればなるほど、距離が近くなればなるほど、不一致や不満、反発などを感じる場面も出てくる。

けれども、長年同じ相手と良好なパートナーシップを保てる人もいる。そうした幸運な人たちにも、人に対する違和感や不満はもちろんあるだろう。だが長年の共存関係によって寛容さが増し、小さな反発や不満といった異物反応は、そこに呑み込まれてしまう。違いを認めつつも、それを乗り越えて、相手を受け入れることができる。

その際、パートナーを異物として排除するのを抑えているのは、安定した愛着なのである。

性的関係の効用

心の免疫寛容が育《はぐく》まれるのは主として乳児期だが、実は、もう一つ重要な時期がある。それが生殖年齢の時期である。この時期、人は本来他者である異性と、子どもを生み育てるために、親密で安定した関係を築く必要がある。他者と親密な関係をもつためには、異物に対する嫌悪《けんお》感は邪魔になる。

たとえば、キスをしたり、陰部を舐《な》めあうような行為は、あまり衛生的とは言えないだろう。しかし、セックスのさなかには、特に愛するパートナーとの交わりにおいては、むしろ好ましく感じたりする。それは、性的興奮や愛情が、嫌悪感を抑え込んでしまうからだ。

抱擁や性的オーガズムは、オキシトシンというホルモンの放出を高め、心地よさとともに、愛《いと》おしさや優しさで心を満たす。よく知らない相手にも、「愛している」と、半ば本気で言ったりする。性的行為には、ともに喜びを共有した相手に対して、安心感と信頼感が生まれる仕組みが備わっているのである。

健全な関係においては、性的な結びつきが異物反応を抑えることにより、持続的な関係を支える原動力となる。

ただし、中には、この仕組みを悪用しようとする輩《やから》もいる。一度関係をもってしまうと、心の免疫寛容が成立し、まるで合鍵《あいかぎ》を渡してしまったように出入り自由になってしまう。

同一化と自己愛転移

子どもに対する愛情にしろ、パートナーに対する愛情にしろ、それが特定の存在に対する持続的な愛となるのは、オキシトシンの働きによって愛着が生まれることによる。いったん愛着が生まれると、相手は多数の中の一人ではなく、特別な存在になるのだ。

だが、母親が子どもに夢中になるときも、カップルが相手に夢中になるときも、そこには生物学的な仕組みを超えた、より高次の精神作用もかかわっている。この精神作用によって、多少愛着が不安定であっても、肉体的には相手のことを飽きてしまい愛情自体に翳《かげ》りが見えていても、関係が続きやすくなる。

この精神作用には、律義《りちぎ》で義務感が強く、捨てられない性格とか、自分一人では不安が強く、誰かと一緒にいないと生きていけないという思い込みなども含まれる。前者は強迫性パーソナリティとして、後者は依存性パーソナリティとして知られ、いずれも腐れ縁を維持するのに貢献している。

もう一つ、他者との関係を強化するうえで大きな力となっている精神作用が、自己との「同一化」や「自己愛転移」である。

免疫とは、自己でない存在を排除する仕組みである。つまり、自己と同一視されたものは異物とはみなされなくなり、排除されなくなる。

たとえば暴力をふるう父親のように、自分に対して害を及ぼしている存在であろうと、未熟な自分を叱っている強く正しい存在として受け入れ、むしろ父親に同一化し、その行動を真似《まね》ることによって、父親を憎むことから免れるのである。

それがさらに進んだものが、自己愛転移である。コフートによれば、自己愛転移には二つの種類がある。一つは、「鏡転移」。相手を鏡に映し出された自分自身や双子の片割れのように感じ、「自分と同じだ」と認めて、相手を特別視するものである。相手は自分なのだから、排除する必要もない。相手をうっとり眺めることは、自分に酔うことでもある。

二つ目は、「理想化転移」。自分の理想像を相手に映し出し、自分の理想に一致する存在として特別視するものだ。相手は、あるべき自分なのだ。もちろん排除する必要はなく、好きなだけ賛美し酔いしれることができる。

幸いなことに、多少愛着が不安定な女性であっても、生物学的な仕組みの助けによって母親へと変化する。胎内の赤ちゃんは、未知数の存在である。その未来の姿は漠然とした可能性でしかない。それゆえ、母親は夢想を育みやすい。一人語りでわが子に話しかけながら、そこで思い描かれるのは、母親の幻想である。わが子は自分の願望や理想を映し出す分身となる。自己愛的盲目と呼ぶべき心の免疫寛容が、子どもによって背負わされる不快さや苦痛をも忘れさせるのだ。

母親が子どもの欲求を自分の欲求のように感じる期間がある程度維持されることが、子どもの安定した発達に不可欠である。

ところが、母親に深刻な愛着障害があったり自己否定を抱えていると、子どもとの同一化がうまく起きず、異物のように感じ続けたり、ある程度同一化しても自分と似ている存在ゆえに否定的な思いを抱いてしまう。

嬰児《えいじ》虐待《ぎゃくたい》が起きるとき、母親は赤ん坊を、自分を苦しめる異物として感じてしまっている。世話が一番大変なゼロ歳の頃よりも三、四歳の頃に虐待が増えるのは、自分の意思や個性を持ち始めた現実の子どもが、母親が理想化し自己と同一視した存在ではなくなり始めるからである。子どもの変化を成長と受け取れない母親は、それを自分への裏切りや変質とみなしてしまい、背を向け、異物として排除することで、自分を守ろうとする。

心の免疫寛容が破れてしまえば、強い拒絶反応に至ってしまうことも珍しくない。一方で、成熟し安定した人は、いつまでも子どもとの自己愛的融合に依存する必要はないので、子どもにとって同一化と融合が必要な時期には没頭してかかわるが、その必要が薄らぐにつれて本人の主体性を尊重するようになり、独立した人格として受け入れるようになる。親とは異なる考えや性格を示しても、寛容さを維持して、支えとなり続ける。

愛情の逆流

大人同士の関係においても、同一化や自己愛転移は心の免疫寛容をもたらし、甘い蜜月《みつげつ》の時期を作り出す。しかし、それは両刃《もろは》の剣《つるぎ》でもある。自分の幻想を相手に押し付けているにすぎないので、早晩破綻《はたん》する運命にある。

【ニーチェの勘違い】

作曲家ワーグナーがまだ名声を確立できていなかった頃、そのオペラにほれ込み、ギリシャ悲劇と対比すべき新しい芸術として絶賛したのが、新進気鋭の古典学者だったニーチェである。二人は急接近し、文通するようになる。しかし、ワーグナーとの関係を対等な友情だと勘違いしたニーチェが、自分が作曲した楽曲を見てもらおうとしてけんもほろろな扱いをうけてから、二人の関係はおかしくなる。ワーグナーにとって、自分の音楽だけが重要であり、ニーチェには自分の礼賛《らいさん》者としての意味しかなかったのだ。侮辱されたニーチェは傷つき、ワーグナーと絶交。両者は次第に互いを忌《い》み嫌うようになり、攻撃合戦をエスカレートさせる。

「神は死んだ」と言いながらも、しょせんは牧師の息子であり、父親亡《な》き後は教育ママの母親から勉学一筋の生き方を強いられた、神経質で生真面目な優等生タイプのニーチェ。一方、本当の父親を知らずに育ち、目的のためなら手段を選ばず、お人よしの王を欺《あざむ》いて大金を貢《みつ》がせ、自分の楽団の指揮者の妻を寝取って子どもを生ませても悪びれることもない自己愛の権化《ごんげ》であるワーグナー。二人は、生きる基準となる常識がまったく違っていた。ワーグナーの常識では、この世界には「天才ワーグナーと〝それ以外〟」しかおらず、〝それ以外〟の者はワーグナーを賞賛し、奉仕すればいいのであった。それに比べれば、ニーチェの常識は、キリスト教的な道徳観の範疇《はんちゅう》にあった。

自分の思い違いに気付かされ、ワーグナーへの熱狂が突如冷めたとき、早くからニーチェの心のうちにあった違和感が、強い拒否感や憎しみに変わる。これまでワーグナーに捧《ささ》げてきた崇拝さえも、まんまと利用されただけだと知って、腹立たしく、許しがたい思いに身を焦《こ》がすことになる。

自己愛への回帰

大人において心理的融合や自己愛転移による自己愛的盲目が顕著に生じるのは、パートナーとの関係である。惹《ひ》かれ合い、愛し合い、尊敬し合っているとき、二人は最も大切なものを共有していると感じている。お互いの存在が、希望や夢に向かって行動する支えや原動力ともなる。

大切な価値や関心、気持ちを共有する運命共同体だと感じているとき、パートナーは、自分と分かちがたく結びついた一心同体の存在であり、多くの相違点があったとしても、共通点のほうに目が向けられ、異物とはみなされない。

しかし、大切なものがもはや共有されていないと感じ始めたとき、心理的融合や理想化転移は解かれ、その魔力も失われてしまう。そこに残るのは、違いばかりが目立つ、不愉快で、耐えがたい異物だ。いままで問題にしなかったことが信じられないくらいに、嫌悪感や反発が生まれ、それは雪だるま式に膨らんでいく。パートナーに対する人間アレルギーが、たちまち共同生活を困難にするレベルに達してしまい、顔を合わすたびに諍《いさか》いや衝突が起きる。冷ややかな沈黙に耐え、深くかかわらないようにするか。気持ちとは裏腹な相槌をうち、実体の定かでない絆《きずな》を守るか。それも我慢できなくなれば、別れるか、距離を置いた生活をするしかない。

【安部公房の場合】

『壁』『砂の女』『第四間氷期』など、シュールレアリスムの手法で独自の文学を打ち立て、演劇人としても活躍した安部公房にとって、妻・真知子は理想的なパートナーだった。女子美大に学んだ真知子は、数学に特別な才能を見せ難解な哲学書をすらすら読みこなしていた安部とは対照的ともいえる、直観力や表現力に長けた、美しい女性だった。この魅力的で社交的な伴侶《はんりょ》は、孤独な思索家タイプだった安部の付き合いの幅を広げ、さまざまなチャンスや刺激をもたらした。下積み時代はもちろん、安部が八面六臂《はちめんろっぴ》の活躍を見せるようになってからも、彼女は常にそばにいて、夫の活動を誰よりも理解し、支えた。

だが、五十歳になった頃から、真知子は夫のサポート役よりも、自分自身の世界の追求に精魂を傾けるようになる。もともと画家を志していた真知子にとって、それは自然な欲求の発露であったに違いない。

しかし、安部にとって、そんな妻の変化は受け入れられないものだったようだ。もはや、妻は、自分とアイデアや喜びや希望を共有し、インスピレーションを与えてくれる存在ではなく、彼女自身の独立した夢を追いかける、もう一人の芸術家になってしまったのだ。安部と真知子の間には、次第に溝が生まれ、安部は東京の家を離れ、箱根の別荘で暮らすようになる。

Ⅳ　決壊と負の連鎖

接触回数が増えれば

アレルギーの発症は、抗原側の要因と、それを緩衝し抑制する仕組みとの均衡が、ついに破れることによる。

抗原側の要因として最も多いのは、抗原との接触が増えることである。

接触機会が増えると、それまで無害だったものがしばしば異物となってしまう。また、抗体という地雷もたくさん作られるようになり、小爆発が起きるうちに大爆発を誘発し、本格的なアレルギーを発症してしまう。異物の侵入、襲撃が繰り返されること以外に、一度にたくさんの異物が侵入することも、アレルギーの発症リスクを高める。

乳製品にしろ魚介類にしろ、貧しい時代には、たまにしか食卓に上ることはなかった。時代が変わり、毎日のように食べるようになると、感作が起きやすくなる。イクラのアレルギーが子どもに増えているのは、回転寿司《ずし》などで小さな頃から食べる機会が増えたことによると考えられている。

人間関係も同様である。たまにしか出会わないうちは個性として笑っていられる特徴も、毎日のように顔を合わせるようになると、強い拒絶反応を起こしてしまうことが少なくない。

定年退職した夫との関係が悪化し、ついに離婚してしまうというケースも、最近は少なくない。たいていの妻は、夫(抗原)に対してすでに感作を起こし、心理的な抗体を抱えているのが普通である。そこへ夫に接する時間が急増して、一気に激しいアレルギー反応を起こしてしまうのだ。

最初のうちは素敵な人だと思っていたのが、ある時期を境に次第に違和感や不快感が芽生え、それでも付き合い続けるうちに反発や不信が強まり、そこから先は急激に衝突が増え、耐えがたいほどの嫌悪や強い拒絶に至ってしまう――そういうケースは、あまりにも多い。

小さな違和感や不快感が芽生えた段階で心理的感作が起き、異物として認識されるとともに心理的抗体が生まれる。最初はまだ潜在しているだけだが、相手からの意に反する言動や不快な態度がひきがねとなって、激しい怒りや拒絶反応が誘発される。それまであたりまえに受け入れられていたので、相手はこちらの態度の変化に戸惑い、反発する。すると、さらに異物性（抗原性）が増してしまい、心理的抗体がどんどん作られ、怒りと攻撃、嫌悪と拒否の連鎖が起きることになるのだ。

仏の顔も三度まで

一度くらい不快なことが起きても、他の点で友好的な気持ちがあれば、それが致命的な基準に触れない限り、大目にみようという意識が働き、心理的アレルギーを生じるところまでは至らない。しかし、仏の顔も三度まで。同じような迷惑を繰り返しかけられ、それについて注意やお願いをしても改善の兆《きざ》しもないと、抗原性が強まり、感作が起きることになる。すでに感作が起きている場合には、人間アレルギーを発症してしまう。

【困った新人】

紀美子さん（仮名）は、三十代の女性。病院の医療事務の仕事をしている。責任感が強く、きっちりと仕事をこなし、これまでも大変な状況を何度も乗り切ってきた。ところが、そんな彼女が困り果てる事態が起きてしまった。

そもそものきっかけは、束ね役だったベテラン主任の退職だった。ただでさえ負担が増えたところに、新規に採用された女性が事態を悪化させた。新人女性は明るくよくしゃべる人で、最初は感じのいい子だと思っていた。しかし、一緒に仕事をするようになると、とてもルーズなところがあり、ミスが多いことがわかってきた。カルテを出している途中で他の仕事を頼まれると、出しかけのカルテを置きっぱなしにしたまま忘れてしまっていたり、重要な連絡を伝え忘れていたりといったことが続くようになったのだ。

最初は馴《な》れていないせいだと思い、ミスを防ぐ方法を指導した。本人も素直な様子で「気をつけます」と言うのだが、返事だけで、また同じミスをしてしまう。教えた方法も実行せず、我流で適当にやっている。そうした状況を見るにつけ、時間をかけて教えたことが空《むな》しくなり、指導する気もなくなってしまった。

最近は、職場に馴れてきたこともあり、仕事ぶりがさらにいい加減になって、ミスが増えている。上の立場にある自分が患者さんや医師に頭を下げなければならない。ところが、本人は悪びれるふうもなく、調子よく周囲に甘えている。事務長や医師も、「明るくていい人が来たね」と言ったりする。

最近では、顔を見ただけで嫌悪感を覚え、声を聞くと虫唾《むしず》が走るようになった。

眠りも浅く、イライラし、気持ちも沈む。その女性を雇い続けるのなら、こっちが辞めたいとまで思い詰めている。

このケースも、最初は許容していた迷惑が度重なることで完全な人間アレルギー状態に至っている。いったん発症してしまうと、共存は難しい。我慢することで、大きなストレスが続くことになる。

激しい拒絶反応が起きるとき

身体的アレルギーは非常に不快な日々をもたらすが、通常生死にかかわることはない。しかし、中にはアナフィラキシーと呼ばれる激しい拒絶反応が起きることがある。こうした場合には、抗原に接触しないようにしないと命にかかわる。

臓器移植でも、強い拒絶反応が起きてしまうと、もう手の施しようがない。せっかく移植した臓器が異物として排除と攻撃の対象となり、壊死《えし》を起こしてしまう。共存は、もはや不可能なのである。

人間アレルギーでも同じことがいえる。人間アレルギーが起き始めていても、多くの人はそれまでの信頼関係や理性の力によって、いきなり相手を排除したり攻撃したりすることなく、どうにか相手を許容し、やり過ごそうとする。しかし、さらに不利な要因が重なると、ついには限界に達する。いったん限界を超えてしまうと、アレルギーを抑え込むために働いていた理性や愛着の力が一気に失われ、むしろ理性の力までも排除と攻撃を正当化する方向に向かう逆転現象が起きる。

その人とどうしても合わず強い人間アレルギー反応が起きてしまったときは、相手から離れるほかない。我慢しているとダメージが広がり、日々の生活に支障をきたすばかりか、心身の健康も脅《おびや》かされてしまう。

【別人になった妻】

晃一《こういち》さん（仮名）は、大手企業の技術者として一線で活躍した後、五年ほど前に独立して、今は自営で仕事を請け負っている。五歳年下の妻沙希《さき》さん（仮名）は、結婚するまではデパートの販売員として働いていたが、子どもができてからは家庭を優先し、まさに良妻賢母として尽くしてきた。

夫が独立してからは、時期によって変動がある収入を補うためパートに出るようになった。仕事のストレスから晃一さんがうつになったときも不平も言わずに支え、フルタイムで働いて家計を助けた。晃一さんは海外出張が多いため、子どもの問題も、ほとんど一人で解決してきた。しかも、会計処理や出張の交通機関や宿泊の手配まで、沙希さんがやっていた。

あるとき、予約したはずの飛行機がとれておらず、海外での仕事に支障が出そうな事態が起きてしまった。実は、依頼した旅行会社の手配ミスによるものだったのだが、晃一さんは激怒して、電話で沙希さんを罵倒《ばとう》した。

海外での仕事を終えた晃一さんが、一カ月ぶりに帰宅してみると、家の中の様子がおかしい。妻はいつものように夫を出迎えるわけでも、ねぎらいの言葉をかけるわけでもなく、そっぽを向いている。部屋の中も散らかり放題だ。晃一さんは戸惑い、次いで怒りがこみあげて、自分がどんなに大変な思いをして働いてきたかわかっているのかと怒鳴ってしまった。

すると、沙希さんは鬼のような形相で、これまでの不満をぶちまけてきた。そして、「私はあなたの奴隷《どれい》じゃない！」と吐き捨てると、そのまま家を飛び出してしまった。

何日たっても帰ってこないし、携帯電話にも出ない。晃一さんは、怒りを通り越して少し心配になってきた。携帯電話の位置情報アプリを使って追跡してみると、妻の携帯電話が同じ市内にあることが判明した。戸惑いながら訪ねてみると、家の中から仲良く手をつないだ男女が出てきた。

思わず物陰に隠れた晃一さんは、目を疑った。男の肩に寄りかかっているのは、まぎれもなく自分の妻だったのだ。しかも、久しく見たこともない甘えた様子で。

晃一さんは怒りに我を忘れ、二人を追いかけた。後ろから妻につかみかかり、「どういうことなんだ」と怒鳴りつけ、相手の男にも「人の女房に何をしているんだ」と詰め寄った。

沙希さんは一瞬ひるんだかに見えたが、次の瞬間には、晃一さんの手を払いのけ、恨みのこもった形相で、「お前こそ、何すんだよ。旦那面《だんなづら》するんじゃないって。お前の顔なんか二度と見たくない」と、きっぱりと言い切ったのだ。晃一さんはひどく惨《みじ》めな思いで退散するしかなかった。

数日して、沙希さんは帰ってきたが、一切口も利《き》かず、家事もしない。また勝手に出ていき、好きなときに男と会っているようだ。

だが、あの日以来、晃一さんは沙希さんに何一つ文句も言えない。何か言えば、妻は逆上し、家庭を捨てて出て行ってしまうと思ったからだ。まだ帰ってきてくれるだけ、チャンスがあるように思えるのだ。

しかし、沙希さんは、これまで我慢してきた分を取り戻そうとするかのように、家事も子どもの世話も夫に押し付けて、好きなだけ羽を伸ばしている。晃一さんが機嫌を損ねないように何も言わないでいると、調子よく話しかけ、買ってきた洋服が自分に似合うか聞いてきたりする。だが、何かの拍子に機嫌が悪くなるとぷいとそっぽを向き、晃一さんに対して嫌悪感むき出しの態度をとる。

貞淑で、忍耐強く、良妻賢母の見本のように夫や家族に尽くしていた女性が、我慢の限度を超えて負担を強いられると、夫や家族に激しい拒絶反応を示し、まるで正反対の行動に走るというケースは少なくない。とうてい修復不能に思われるが、中には、夫が妻にかけていた負担を反省し、しばらくわがままを許しているうちに、元の鞘《さや》に収まってしまうこともある。

まだ若く性的に求め合うことができる場合には修復も可能だが、お互いに嫌悪感や不信感が残ることは避けがたい。仲直りしたように見えても、一度入った亀裂《きれつ》は、いつか最終的な関係崩壊をもたらすことになりやすい。

負の連鎖①　異物性の全般化

人間アレルギーはいったん起き始めると、反応が爆発的に拡大し、どんどん悪化していく。負の連鎖には、四つのパターンがある。

まず、同じ抗原（人物）に対してより過敏になり、同じ接触でもより激しい反応が起きるようになるというものだ。その場合に、しばしば起きるのは、一部分にすぎなかった異物性が全般化することである。

ある人物に対して心理的感作が生じると、それまではさほど気にならなかったことも不快に感じ、拒絶反応が起きるようになる。最終的には、その人物のことを連想しただけで気分が悪くなるようになる。その人の長所さえも、肯定的に評価できなくなり、すべてがまやかしに思えたり、短所と結びつけて考えてしまったりする。

たとえば、それまで信頼していた同僚が、陰であなたのやり方を批判していると耳にしたとしよう。あなたは裏切られたと感じるだろう。そっちがその気ならとばかり、相手に厳しい目を向けると、それまで気にならなかった態度や物言いも不審に思え始める。相手に対する拒否感が募り、それが限界を超えると、それまで相手の長所と思っていた責任感や正義感の強ささえ、融通の利かない頭の固さに思えて、嫌悪感を覚えてしまう。

ある女性は、最近出会った男性を素敵だと感じ、恋愛感情さえ抱き始めていた。ところが、まだそのタイミングでないのに、男性が強引に性的関係を求めてきた。女性は幻滅し、それまで好ましく感じていた親切な態度や話の面白さも、すべて下心のためだったと思えて、男性を受け付けなくなってしまった。

唯一無二《ゆいいつむに》の自分という存在と一度しかない人生を守るために、心の免疫は、通常、疑わしきは排除するという厳しい原則で動く。それゆえ、たとえひとかけらでも強い拒否感を催す部分を含んでいると、その存在全体が受け入れがたいものに変わってしまうのだ。

負の連鎖②　玉突き衝突

人間アレルギーが負の連鎖反応を起こしやすいのは、過敏性によって行動の余地が狭められ、追い詰められたと感じることで、パニック的に行動してしまうためでもある。不快な出来事を避けようとして、もっと不快な出来事を呼び込んでしまいやすいのだ。

【避ければ避けるほど】

亜友美さん（仮名）が子どもを連れて、スーパーに出かけた。すると、幼稚園が同じ子どものお母さんが三人で楽しそうに話をしていた。その中にちょっと苦手なお母さんも混じっていたので、亜友美さんは気づかれていないのを幸い、早く必要な買い物だけ済ませて、立ち去ろうと思った。

ところが、そそくさと会計を済ませて子どもの姿を捜すと、ママ友たちが集まっている場所の近くでガチャポンを見ている。手招きするが一向に来ず、仕方なく名前を呼ばなければならなかった。呼んでもなかなか動こうとしないので、結局引っ張るようにして店を出たが、ママ友に気づかれたのではないかと、生きた心地もなかった。

何とか家まで帰り着くと、「どうして呼んでるのにすぐに来なかったの！」と子どもにきつく当たった。そのことを悔やんで、すっかり落ち込み、夕食の用意をする気もなくなって、寝込んでしまった。やっとの思いで起きたら、買ってきたおかずを、おなかをすかした子どもが勝手に食べていた。それでまた腹が立ち、子どもを怒鳴りつけた。そんな自分が厭《いや》で、また臥《ふせ》ってしまった。

亜友美さんは、子どもの頃から、苦手な人とは顔を合わさないように避けてきた。知っている人と出くわしても、気づかないふりをしてやり過ごすことも多かった。向こうも気づかないでくれと祈り、視界から消えるとほっとしたという。

その一方で、亜友美さんは、自分の親にも本音で甘えることができないという問題を抱えていた。親に認めてほしい、親を喜ばせたいという気持ちは人一倍強く、良いところだけ見せようとしていた。美貌《びぼう》の持ち主でありながら、ありのままの自分に自信がなく、完璧《かんぺき》にメイクしていないと外に出ることができなかった。

紹介した一連の出来事も、元はと言えば、苦手な人と顔を合わせたくないというところから始まっている。人間アレルギーを抱えて、接触を避けようと過敏になることが、さまざまな困難を玉突き衝突的に引き起こしたのである。

負の連鎖③　交差反応

負の連鎖の三つ目のパターンは、アレルギーの対象そのものが広がっていくというものだ。

身体的なアレルギーは、本来、特定の物質に対する特異的な反応であり、抗原の認識は、あくまで個別の物質に対してなされる。しかし、その結果生み出される免疫物質や免疫反応には共通する部分も大きい。それぞれは別々の経路なのだが、途中で交差していたり重なっていたりもする。そのため、似たような物質に対して、アレルギーが飛び火するように広がりやすいのだ。

花粉症の人がリンゴなどの果物や大豆に対するアレルギーを発症するケースが近年増えている。その原因は、花粉と化学構造が似ている物質が果物や大豆にも含まれているため、似た物質をアレルゲンと〝誤認〟してしまうことによる。白樺《しらかば》の花粉にアレルギーがある人が、同じバラ類の果物であるリンゴやサクランボ、イチゴなどに口《こう》腔《くう》アレルギーを起こすようなケースだ。この現象は、交差反応と呼ばれる。いったん交差反応が起きてしまうと、たとえ誤認であろうとその物質は異物リストに登録され、元に戻すことはできない。

人間アレルギーでも、一部の特徴が既知の異物と似ているため異物と判定されてしまうケースは頻繁に起きる。

たとえば、威張ったタイプの人に嫌な思いをさせられた人は、同じような徴候を嗅《か》ぎ取ると、拒絶反応のスイッチが入りやすくなる。目の前にいるのはまったく別個の人間なのに、尊大で傲慢《ごうまん》な態度という特徴によって、心の免疫反応を引き起こしてしまうのだ。

人間アレルギーが亢進《こうしん》している場合には、本来無関係な条件が一致しただけで同一視が起きる。たとえば、かって嫌な思いをさせられた人物Aと同じ派手な色のネクタイを好んで身に着けていたというだけで、まったく別の人物Bに対する拒否反応を生じてしまう。声の質やしゃべり方など、Bの本質とは直接関係のないことも、たまたまAと重なると、嫌悪感を覚え、受け入れられなくなる。さらには、Bが使っている持ち物や好きなスポーツ、音楽といった趣味にまで、反発や嫌悪感を覚えるようになる。坊主《ぼうず》憎けりゃ袈裟《けさ》まで憎いという心理状態になるのだ。

負の連鎖④　外来抗原との結合

負の連鎖の四つ目のパターンは、外来抗原との結合による抗原の変化だ。

たとえば、嫌っている存在と結びつくことで、もともと好感をもっていた存在に対しても不信感をもつようになるという場合だ。

【汚されたスタジオ】

彩子《あやこ》さん（仮名）は、ピアノ・スタジオに半年ほど前から通いだした。スタジオの雰囲気もレッスンしてくれる先生も、とても気に入っていた。ところがある日、数年前に別のところで大ゲンカした人とスタジオの受付で出くわしてしまった。かつての嫌な感情がよみがえってくるとともに、その人もこのスタジオを利用し、同じ先生に教えてもらっているのかと思うと、急にそこが汚《けが》されたように感じて、スタジオそのものや先生に対しても違和感をもつようになってしまった――。

友だちやわが子が結婚して、その配偶者に気に入らない点があり、やがて本人とも疎遠《そえん》になっていくというようなケースもよくある。就職や子どもの誕生などを機に、境遇が変わった相手を「別の世界の人になった」「変わってしまった」と感じて、離れていくことも珍しくない。もともと人間アレルギーを抱えている人は、相手の変化に過敏である。無理をして付き合おうとすると、かえって苦しさを抱えることになる。

このように、人間アレルギーは心を許してもよい人間をも異物とみなしてしまい、その結果、さらに別の人間アレルギーを生んでいく。

人間アレルギーを抱える人は、人の悪い点に注意が向かいがちだ。そのため、同じ体験をしても不満や怒りを感じやすく、否定的な反応や攻撃的な対応をしてしまいやすい。結果として、ネガティブな感情が周囲にも広がっていく。相手も同じような人間アレルギーを持っている場合には、ささいな否定や攻撃が激しい反応の応酬を生む。

自分自身に対する人間アレルギー

通常、身体の免疫系《めんえき》では、自分自身に対して排除や攻撃が起きないように制御されている。ところが、自分自身であっても、そこに異物が付着したり、異物に似ていたりすると、間違って攻撃対象とされてしまうことがある。自分自身の一部が異物（抗原）とみなされ、自己抗体が作られてしまうのだ。関節がこわばり痛む慢性関節リウマチや唾液《だえき》が出なくなるシェーグレン症候群といった自己免疫疾患は、免疫寛容の仕組みが破綻して自己抗体が自分の体を攻撃し、破壊してしまうことによって生じる。

心の免疫でも、同じような状態がみられる。自分が一番信頼していいはずの存在を信じることができず、攻撃の対象としてしまうのだ。家庭内暴力は、そうしたものの一つだと言える。さらに、自分自身に対してさえ嫌悪を覚えたり、痛めつけたりすることも起きる。

こうしたことが起きてしまう最大の原因として、もっと幼い段階で成立すべき心の免疫寛容が、不十分にしか成立しなかったことが挙げられる。母親と不安定な愛着しか結べず、安心感や自己肯定感を育《はぐく》む最初の段階でつまずいてしまうと、自分に対しても違和感や自己否定感を抱きやすいのである。

V 発達障害との関係

発達障害はリスク・ファクターとなる

人間アレルギーを引き起こす要因は他にもある。遺伝的、生得的要因によって、神経過敏であったり、不安が強かったり、コミュニケーションが不器用だったり、執着傾向が強く柔軟性に欠けていたり、うまく周囲に協調できなかったりすると、リスクが高まる。

そうした状態の代表が、自閉症スペクトラムや注意欠如／多動症《ADHD》といった、いわゆる発達障害（神経発達障害とも呼ぶ）のケースである。

これら発達上の課題が人間アレルギーを起こしやすい理由は、それ自体の特性にもよるが、こうした特性を抱えていると周囲から〝異物〟とみなされ、虐待やいじめ、仲間はずれといった体験をしがちなことにもよる。

ただし、同じ遺伝的、生得的要因をもって生まれて来たとしても、その人を迎える境遇の違いによって、重い人間アレルギーになる人もいれば、それを免れる人もいる。愛着の安定性はある程度不利な要因を緩衝してくれると考えられるが、逆に愛着障害が加わると、人間アレルギーの発症リスクは倍加されることになる。

自閉症スペクトラムと孤独な夢想家

自閉症スペクトラムは、自閉症やそれに共通する特徴をもつ症候群で、神経過敏性や画一的な行動・興味にとらわれる傾向、他者と相互的で柔軟なかかわりをもつことが困難で、対人関係やコミュニケーションがうまくいかないなどの特徴がある。

生後の早い段階から視線が合いにくく、表情や反応が乏しい傾向があり、通常は生後九カ月頃から認められる注意の共有がうまくいかない。母親がいくら指さし、視線を向けて、そちらに興味を引こうとしても、見ようともしない。注意の共有は関心の共有につながり、さらに気持ちの共有へと発達していくので、注意の共有がうまくできないと、関心や気持ちの共有も起こりにくい。

通常は満四歳頃になると、相手の立場に立って気持ちを推測する「心の理論」という能力が育ってくるが、自閉症スペクトラムの子どもは、それがずっと遅れる。大人になっても、関心や気持ちの共有がスムーズにできない。周囲の関心についていけず取り残されたり、相手の気持ちがわからずとんちんかんな対応をしたり、悪意はないのに気に障《さわ》ることをして、周囲の怒りをかうことも多い。

自閉症スペクトラムは、さまざまな要因によって起きる症候群で、原因となる遺伝要因も多様である。愛着を形成するうえでも重要なオキシトシンの受容体遺伝子の変異が関係している場合もあれば、不安や興奮を鎮《しず》めるGABAという伝達物質の受容体遺伝子に変異が認められる場合もある。別の遺伝子変異によって社会的無快感症（人といることに喜びを感じにくい体質）を生じ、それがベースにあるものもある。ただし、後述するラターらの研究以降、著しいネグレクトなどによって自閉症スペクトラムと見分けが難しい状態が生じることも知られるようになり、環境要因の役割が見直されている。

親が同じような傾向をもっていることも多く、自覚もなくネグレクトや共感的でない養育が行われてしまうことも多い。つまり、遺伝要因は養育要因としても働き、その影響を相乗してしまう。

どういう要因で起きているにしろ、自閉症スペクトラムの人は神経過敏で不安が強く、人と一緒にいることによって生じる喜びよりも苦痛のほうが大きくなってしまうという共通点がある。また、相手の視線の動きや表情、身振りといった社会的キュー（手がかりとなる信号）への反応や応答性が弱い点も共通する。

自閉症スペクトラムの人にとって、周りの人間は、テレパシーで会話する超能力者のようなものだ。自分は明確な言葉で語られたことしか理解できないのに、周囲の人たちは一瞬の目配せや言葉の微妙な抑揚、かすかな素振りで合図を交わしあう。そのような微妙なニュアンスを理解するのは至難のわざだ。

こうした困難のために、人といることに喜びよりも居心地の悪さを感じ、孤立したり仲間はずれに遭いやすい。マイペースとみられるのはまだしも、自分勝手だとか、協調性がないとか、自分のやりたいことばかりしているとの誹《そし》りを受けやすい。

関心や気持ちを共有することが苦手という特徴が、周囲から〝異物〟とみなされる要因となることは、すでに述べたとおりだ。周囲から拒絶や非難を受けることで、他者に対する拒否感や恐怖感が植えつけられてしまう。そうするとなおのこと、他者といることが不安で苦痛になり、ますます関心や気持ちの共有が難しくなる。悪循環が繰り返され、人間アレルギーが出来上がっていく。

【ニーチェの場合】

哲学者のニーチェは、記録に伝えられる成育歴や症状から推測すると、いわゆるアスペルガー・タイプの自閉症スペクトラムだったのではないかと思われる。三歳になっても一言もしゃべらなかったが、四歳のときには読み書きを始めていた。会話言語の遅れと文字言語のスムーズな習得というギャップは、アスペルガー・タイプの発達にしばしば見られる特徴である。

だが、不幸なことに、物心つきはじめた彼が目《ま》の当たりにしたのは、牧師だった父親が壊れていく姿だった。神経疾患に侵され、けいれんや顔面の麻痺《まひ》から始まった病状は、意識を失う発作や失語、失明、錯乱、耐えがたい激痛へと進んでいった。恐らく、ニーチェ自身も取りつかれることになる病、神経梅毒だったのだろう。その恐怖の記憶は長く彼につきまとい、安心感を脅かすこととなる。

そうでなくてもニーチェは、神経過敏で、不安の強い子どもだった。寄宿学校の記録には、絶えず頭痛や胃カタルといった心身の不調で授業を欠席していたことが記されていた。彼は幻聴を聞き、悪夢にうなされた。

好んだのは空想遊び。人形や錫《すず》の兵隊、陶製の動物でできた世界は、「リスの王」によって秩序正しく統治されていた。ニーチェは九歳になっても、人形遊びを飽くことなく繰り返した。

そうしたアンバランスで、過敏な一面にもかかわらず、成績はずば抜けていた。しかも、詩や音楽にも秀《ひい》でた才能を見せ、教師たちから「天才児」とみなされた。軍隊のようなスパルタ式の学校は窮屈であったが、このタイプの人には自由すぎる無秩序な学校より対処しやすい面もある。

父親を早くに失ったニーチェにとって、幸いなことに母親は常に彼の庇護《ひご》者であり続けた。下に娘がいたものの、息子への思い入れは格別なものがあった。母親は息子の才能に早くから気付いており、ほとんど息子だけを希望に残りの人生を生きようとしていた。

母親はまだ若く、婚家を去って実家に戻ることもできた。だが、子どもの将来のために、姑《しゅうとめ》や小姑《こじゅうと》と狭い家で暮らすという選択をしたのだった。母子が暮らしたのは、北向きの小さな部屋だった。そこで母親はほとんどつきっきりで勉強を教えたという。常に過酷な日課を課し、少しでも怠けようものなら、厳しい叱責が飛ぶのだった。この強すぎる期待が過敏な少年を縛り、よけいに生きづらくした面も否《いな》めない。

古典語学を専攻したニーチェは、たちまちその才能を教授から認められ、引き立てられる。しかし、この「天才」の中には、不安定さや違和感が、高すぎるプライドや過敏さと同居しており、その思考と振る舞いの間には絶えずギャップが生じていた。二十五歳でバーゼル大学の教授になるという異例の出世を遂げたが、周囲の人たちはすぐに、ニーチェ教授にはどこか普通と違うところがあると思うようになる。ある者は、彼の振る舞いを、芝居がかっているとか、少女のようにぎこちないと感じ、またある女性は、場にそぐわない会話に面食らった。ニーチェは晩餐会《ばんさんかい》の席で自分が見た夢について語ったが、その内容は、彼がヒキガエルを食べるというものだった。相手がひいてしまったのは言うまでもない。

学生時代はバイロンに熱中したことにも表れているように、もっと自由奔放で、英雄のような生き方に憧《あこが》れていた。ワーグナーのオペラにも感動し、一時は心酔した。だが、ニーチェは、バイロンやワーグナーのようには生きられなかった。もう一人、彼が熱狂したペシミストの哲学者ショーペンハウエルに、孤独と不器用さの点では似ていた。

若くして教授になったものの、次第に周囲から孤立し、ついには職を辞して、執筆と隠遁《いんとん》の生活に入る。ニーチェが執筆だけで細々とでも暮らしていけたのは、教授をしていたときの年金がわずかだがもらえたからである。

ＡＤＨＤとやんちゃな自由人

もう一つの代表的な発達障害の症候群は、不注意や多動、衝動性を特徴とする注意欠如／多動症《ADHD》だ。こちらも多様な要因によって起きる。遺伝要因の関与が大きいとされるが、虐待《ぎゃくたい》を受けたり愛情不足の子どもに非常に高率でＡＤＨＤの状態がみられることは、児童施設などで働く人には以前から知られていた。

ＡＤＨＤと関連すると言われている遺伝子は多岐にわたるが、その中で裏付けが得られているほとんど唯一のものが、ドーパミンD_4受容体の多型遺伝子である。このタイプの遺伝子をもつ人は、もたない人よりも、ＡＤＨＤになりやすい。

しかし、この多型遺伝子をもつ人の割合は、全人口の数パーセントから一割にも及ぶ。変異遺伝子ではなく多型遺伝子と呼ぶのはこのためだが、こんなにも多くの人に広がったのは、生き残りに有利だったためだと考えられる。

この多型遺伝子をもつ人は、好奇心が旺盛《おうせい》で、現状にしがみつくよりも、新しい冒険を好む。人や住む場所に対する愛着が薄い。遊牧民には保有者が多い。危険を顧みずに新天地をめざし、生き延びるチャンスを切り開こうとする特性は、動乱の時代において特に力を発揮すると言える。

驚いたことに、この多型遺伝子をもつ人は、ADHDだけでなく、愛着障害にもなりやすい。愛着が薄いという傾向以上に、多動のため虐待の対象になりやすく、愛着形成に失敗するリスクも高いと考えられる。親もまた同じ多型遺伝子をもつことも多いので、いっそう愛着形成が頓挫《とんざ》しやすいのだろう。

ADHDの子どもは学校に行き始めるようになると、不注意なミスや失敗をすることが多く、親や教師から叱《しか》られ、周囲の子どもからも非難されがちである。こうした体験が、反発や反抗に通じ、非行や反社会的行動に至ることもあるし、また、自己否定やそれを紛らわすための依存的行動に走らせることもある。根底にあるのは、否定的な体験によって生じた他者や自己への不信であり、それは人間アレルギーと言い換えられるだろう。

【星の王子さまの大人不信】

『星の王子さま』『夜間飛行』などの名作で知られるアントワーヌ・ド・サン＝テグジュペリは、子どもの頃のみならず生涯にわたって、ADHDの特性を強く示した人であった。幼い頃はまったく落ち着きがなく、騒々しく動き回り、手のつけられない暴れん坊だった。部屋は散らかり放題で、さわるものは何でも壊してしまうか、よくても汚してしまう悪戯《いたずら》小僧だったのだ。五人きょうだいの真ん中で、しかも、父親を三歳のときに亡《な》くし、母親が甘やかしたということもあって、まったく抑えの利かない子どもに育った。

規律の厳しいイエズス会系の学校に送り込まれたものの、注意散漫で、整理整頓が苦手。不器用で、落ち着きのない彼は成績も振るわず、問題児扱いされて、ますます反抗的になった。後に飛行機乗りになるというのに、運動神経も鈍く、ダンスも下手くそなら、自転車にも満足に乗れなかった。

すっかり不適応を起こしたわが子を何とかしようと、本人の意を汲《く》んで、母親はスイスの自由な校風の学校に転校させる。そこで、少年は生き返った。成績も上がり、文学に目覚めると、詩やデッサンで才能を示した。学科の中では国語であるフランス語が一番得意だったが、それでも後の世界的な作家の書く文章は、誤字だらけだった。

十二歳のとき、彼は人生を決定づける体験をする。当時注目を浴び始めた飛行機に魅せられ、格納庫に出入りするうちに、実際に乗せてもらったのだ。とはいえ、第一次世界大戦が始まる少し前のことである。三機試作すると二機は遠からず墜落する運命にあり、到底安全な乗り物とは言えなかった。だが、彼はそのときの感動を忘れなかった。エリートの海軍兵学校を目指して挫折したものの、二十一歳のとき、兵役に就くや、航空隊を志願したのだ。しかし、一人前のパイロットになるのは、当時でも容易なことではなかった。母親に大枚をはたいてもらうと、高額の訓練料を払って民間の航空会社で訓練を受けた。

どうにかパイロットの資格を取ると、彼は飛行機に乗りたい一心で、その機会を求めて転々とした。しかし、もともと不注意で不器用な人間である。致命的な操縦ミスをして離陸直後九十メートルの高さから落下、飛行機は大破し、全身打撲の大けがを負ったこともある。それでも、パイロットの仕事を求めて、世界中をさまよった。彼が主に操縦したのは、郵便飛行機だった。北アフリカの砂漠や大西洋、南米のアンデス上空を孤独に飛行することに、パリの社交界や都会の快適な暮らしよりも、強く惹《ひ》きつけられたのだ。

彼は書いている。「人生で一つだけ残念なことがあります。それは、大人になってしまったことです」。彼は、ADHDタイプの多くの人と同様、いつまでも天真《てんしん》爛漫《らんまん》な子どもの心を忘れなかった。そんな彼にとって、欲得の渦巻く大人の世界は、あまり住み心地の良いところではなかったのかもしれない。

サン＝テグジュペリは、異性運に恵まれなかった。最初に結婚を約束したルイーズ・ド・ヴィルモランからは約束を反故《ほご》にされ、妻となったコンスエロは浪費家で、あまり誠実とは言えない女性だった。彼も妻に次第に無関心になった。事故の後遺症による腰痛《ようつう》など、全身の痛みから逃れるため、次第にアルコールに依存するようにもなっていた。晩年は、祖国のために死にたいと口にし、もう一度飛行機に乗ることだけを唯一の希望として生きていた。彼はどこかで、人間アレルギーから逃れようと、天空に憧れつづけたのかもしれない。

何度か命拾いした運の強いサン＝テグジュペリだったが、第二次世界大戦の最中、地中海上空で、彼を乗せた飛行機は消息を絶つことになる。

第四章　「愛着障害」という核心

第三章で、愛着が人間アレルギーを抑止する役割を果たしていることや、人間アレルギーの人に愛着障害が多く認められることについて述べた。

愛着は、「免疫寛容《めんえき》」と似た点が多い。自分自身や生まれたときから体内にあった存在に対しては免疫寛容が生じ、異物として排除しようとする免疫反応が抑えられるように、幼い頃、養育者との間で安定した愛着を築くことができた人は、ありのままの自己を受け入れられるだけでなく、支えとなってくれる仲間を身内として受け入れることができる。その一方で、自分に害をなす恐れのある存在に対しては、適切な距離をとったり、攻撃を加えたりすることもできる。

ところが不安定な愛着の人は、自分にとって必要な人や助けとなってくれる人に対しても、接近を拒否したり攻撃を加えたりしてしまう。かと思うと、危険な存在に安易に接近したり、頼ってしまったりする。また、自己を否定的に見たり、自分自身に違和感を覚えたり、ときには、自分で自分を攻撃し破壊しようとすることもある。

愛着障害は、愛着形成の臨界期である一歳半までに、養育者との間で安定した愛着を形成することができなかったり、いったん形成されても愛着対象がいなくなったり、養育者が「安全基地」として機能しないことによって起きる。その結果生じた不安定な愛着は、適切な対処がなされない限り、大人になっても、ずっと続くことになる。

本章では、人間アレルギーにおいて中心的な役割を果たしていると考えられる愛着障害について理解を深めていきたいと思う。

I　愛着の発見と裏付け

飴と鞭で人格は形作れるか

かつて精神医学に大きな影響力をもった二大勢力である精神分析学も、行動主義心理学も、母親と子どもの結びつきは母乳や世話によって二次的に生まれるものだと考えていた。どちらの勢力も、母親の役割は母親でなくても果たせることであり、むしろ母親の「無条件の愛情」は子どもをダメにするとみなしていた。行動主義心理学に至っては、母親などより、もっと合理的で、理想的な養育によって、もっと優れた子どもを育てることができるとさえ断言していた。

行動心理学の開祖であるジョン・ワトソン（一八七八―一九五八）は、近い将来、乳児は親のダメな影響から切り離して「乳児農場《ベビー・ファーム》」で育てられる日が来るだろうと言い、泣いたからといってすぐに抱っこしたり甘やかしたりするのは愚の骨頂で、強い子どもを育てるために、飴《あめ》（報酬）と鞭《むち》（罰）の使い分けを強調したのである。

それを「実証」するためにワトソンが行ったのが、悪名高い「アルバート坊や」の実験である。生後十一カ月のアルバート坊やに一匹のネズミを見せた。坊やは顔を輝かせて、手を伸ばそうとした。そのとき、耳元にぶら下げた鉄棒をハンマーで叩《たた》き、不快な音を立てると、坊やは驚いて泣き出した。同じ操作を何度か繰り返すと、ネズミを見ただけで怖がり、泣き出した。条件付け操作によって、ネズミを恐れるようになったわけだ。

同様の方法を使えば、ある行動を減らしたり増やしたりすることは容易であり、人格さえも思い通りに形作ることができるというのが、ワトソンの主張であった。

実際、行動主義の影響を受けた養育法や保育法は、アメリカを中心にかなり浸透し、日本にもその影響が及んでいる。最近でも、少し頭の古い専門家や教育者などは、こうした考え方を金科玉条のように信奉していたりする。

現実に、「理想の子育て」を目指した〝社会実験〟も行われた。その代表は、イスラエルの集団農場《キブツ》の「子どもの家」で行われた育児法である。子どもは新生児期を過ぎると母親から離され、専門の保育スタッフが日夜世話をした。自立した優れた子どもが育つと期待されたのだが、現実は無惨《むざん》な失敗に終わった。すでに幼児期から、情緒不安定さや対人関係の問題が目立っていたが、その傾向は大人になっても続いたのである。ことに影響が強かったのは、夜間も親から離されて、他人の世話を受けて育った子どもたちだった。誰の目にも失敗が明らかだったので、そのやり方は次第に修正され、「子どもの家」で世話をする場合も、夜間は自宅で親と過ごすように改められた。

母親のかかわりに着目したウィニコット

キブツの無惨な失敗が伝えられる前に、精神分析学や行動主義心理学の定説に疑問をもち、母親のかかわりの重要性に気づいた人たちがいた。その先駆者は、47ページで紹介したサティであり、ウィニコット（一八九六－一九七一）やボウルビィによって本格的に追究されていく。いずれもイギリス人だが、精神分析や行動主義心理学がアメリカほど浸透していなかったことも幸いしたのだろう。

ウィニコットとボウルビィは、いずれも精神分析を学んだ医師であり、子どもの問題にかかわった経験があった。当時は大戦中で、戦災を免れるために子どもだけが疎《そ》開《かい》することも多く、さまざまな問題が生じていた。ウィニコットは、疎開児童が暮らす宿泊施設の相談役をするなかで、問題が深刻なケースには親との関係に困難があり、幼い頃に愛情不足が生じていたことに気づかされた。

ウィニコットはその後、問題を起こす子どもたちだけでなく、慢性的なうつや自己不全感に悩まされる大人たちも、乳幼児期に母親から愛情をもらえなかったということを見出す。そして、安定した自我の発達には、乳児期に母親が最優先で子どもの欲求にこたえる時期が不可欠だと考えるようになり、そうした母親の献身的なかかわりを「母性的没頭」と呼んだ。また、母親が幼児を抱っこし支えるようなかかわりを「抱っこ《ホールディング》」と呼び、子どもの心身の発達や安定に必要だと考えた。両者が十分でない場合には、子どもは確かな安心感や「本当の自己」を培《つちか》うことができず、「偽りの自己」を抱えて苦しむようになるとしたのである。

当時こうした考え方を発表するのはかなり勇気のいることであり、ウィニコットにとって、個人的にも心苦しい思いがあった。というのも、彼に精神分析の訓練を施したメラニー・クラインはフロイトの精神分析を子どもにもそのまま適用し、子どもが心の中に抱く空想を現実の母親とのかかわり以上に重視する立場だったからである。クラインは、ウィニコットの論文を手伝い、また自身の娘の分析を委《ゆだ》ねるなど、彼を深く信頼していた。しかし、ウィニコットは、自らの信念を偽ろうとはしなかった。

愛着の発見とボウルビィの苦悩

一方、ボウルビィの最初の論文は窃盗《せっとう》をした非行少年についてのものだった。二十四人の窃盗少年のすべてが母親の不在や深刻な愛情不足を味わっているという事実に直面し、母親の役割の重要性に着目し始める。彼の着眼が確信に変わったのは、戦災孤児や疎開児童の研究を通じてである。母親を失った子どもたちは、発達や成長の遅れ、情緒不安定、行動の問題などの深刻な状態を呈していた。

積み重ねられる事実をもとに、ボウルビィは母性愛の剝奪《はくだつ》が子どもに深刻な影響をおよぼすという報告を行った。だが、精神分析や行動主義心理学の定説から大きく外れた彼の発見は、嘲笑《ちょうしょう》と批判を浴びせられることになった。母親の不在や喪失が原因なのではなく、単に世話や保護が不足した結果ではないのかという見方が強かったのである。

こうした批判を受けて、ボウルビィは、母親との結びつきが他の養育者からの世話では補うことのできない要素をもつということを、もっと科学的に裏付ける必要性に迫られた。そうした中で注目したのは、母親と幼い子どもの強い結びつきが、子育てをする動物――ことに社会性を備えた動物に広く共有される仕組みだという事実である。そして、この生物学的な仕組みを、愛着《アタッチメント》と呼ぶようになった。

果たして母子の結びつきには、栄養や保護といった実利的な報酬以外の何かが関与しているのか。この問題に決定的ともいえる突破口を開いたのは、アメリカの心理学者ハリー・ハーロウだった。

証明された愛着の存在

ハーロウは、実験心理学の若き研究者だったが、当時流行《はや》っていた動物を使った実験をするには貧乏過ぎた。大学に職を得たものの、満足な実験室も、実験用の動物を買う資金も与えられていなかった。しかも当時、実験動物はとても高価だった。それなら、自分の手で殖《ふ》やせばいいではないか。この無謀な思いつきが、思わぬ発見をもたらすことになる。

ハーロウは学生たちと生まれたばかりのサルを育て始める。ハーロウが最も恐れていたのは、感染症だった。そこで、子ザルを一匹ずつ別々のケージで飼うことにした。

栄養もたっぷり与えられ、感染症からも守られて、体は健康に育った。だが、子ザルたちは、明らかにおかしかった。

子ザルらしい生気や好奇心に欠け、ただ陰気で、茫然《ぼうぜん》と座り込む。ぼんやりと遠くを見たまま、体を揺すったり、親指を吸う行為を繰り返す。成長した子ザルを他のサルと一緒にしようとすると、彼らは強い不安と拒否反応を示した。

何がダメなのか。この問題を解く最初の手がかりとなったのは、子ザルたちが見せた奇妙な行動だった。床からの冷気を和らげるために、床には布オムツが敷かれていたが、子ザルたちはこの布オムツに異様な執着を見せたのである。抱きしめて離そうとしなかったり、布にくるまろうとしたりした。抱き上げても離さないので、オムツごと引きずっていかねばならなかった。

ハーロウは、その毛布が母親の代わりではないのかと考えるようになった。そして、あの有名な実験を思いつくことになる。

ハーロウは、二種類の母ザルの人形を作った。一つは、針金でできていて、ゴツゴツしているが、哺乳瓶《ほにゅうびん》を取り付けてある。もう一つは、哺乳瓶はないものの、柔らかい布を巻きつけてある。母と子の結びつきは哺乳によるものと考えるこれまでの理論に従えば、子ザルは哺乳瓶を備えた母ザル人形に愛着を示し、そこでの滞在時間が長くなるはずだった。

ところが、実際に実験が始まってみると、子ザルたちは圧倒的に長い時間を柔らかい布を巻きつけた人形のもとで過ごしたのだ。それだけでなく、部屋を掃除するため人形が短時間〝消えた〟だけでパニックになり、人形を見つけ出そうとさまよった。何かに怯《おび》えたときには、すぐさまその人形に飛びつくように抱きついた。

それとは対照的に、いくら哺乳機能を備えていようと、ごつごつした針金の母ザル人形に対しては、子ザルたちはまったく無関心だった。愛着が形成されるのは、乳を与える機能ではなく、柔らかな身体的な接触によるところが大きかったのである。

さらに、興味深いことが起きた。母ザル人形は、顔を作るのが間に合わず、最初はのっぺらぼうのままであった。途中で、目や鼻のある顔を作ったところ、子ザルはギャーッと悲鳴を上げて拒絶反応を示し、しばらくすると抱きつきはしたものの、首を百八十度回転させ、のっぺらぼうな方が前を向くようにしたのである。何度直しても、子ザルは同じことを繰り返した。

子ザルにとって、最初母親とみなした存在と同じ姿をしていることが重要だったのだ。愛着とは特定の存在に対して育《はぐく》まれる絆《きずな》だというボウルビィの説を、強力に裏付ける事実だと言える。

さらに、こんなことまで観察されている。部屋を掃除する間、母ザル人形を外に移すと、子ザルは何とかして母ザルの姿を見ようと必死になった。その窓には、パズルを解くと開く仕掛けがされていた。母ザルを一目見ようと、子ザルはひたすらパズルを解き続けた。なんと切なく哀《かな》しい光景だろうか。子ザルは、たとえ人形であろうと、柔らかい居場所を与えてくれた存在に執着し続けたのである。これこそ愛着でなくて何だろう。

ハーロウの実験は、ボウルビィが唱えていた理論を、サルにおいて実証するものとなった。子ザルを母ザルに愛着させる原動力となっていたのは、栄養以上に、抱っこや安らぎだった。だが、実は、母性の本質は、それだけではないようだった。というのも、針金の母親のもとで育った子ザルはまともには育たなかったが、布の母親に育てられた子ザルにも、明らかに異常が認められたのである。

針金の母親に育てられた子ザルは、すさまじい勢いで体を揺すり、噛《か》み、自傷行為や常同行動（単調な同じ行動を反復すること）を繰り返した。しかし、布の母親のもとで育った子ザルも明らかにおかしかった。何時間も何時間も、奇妙なねじれた姿勢で座ったり、ケージの隅にうずくまったりして、何も知覚していないようだった。外界に対する無関心さは、他のサルと一緒にされたとき、非社会性や他の存在に対する強い不安となって表れた。

見捨てられた子どもたち

この状態と酷似した状態が、人間の子どもにおいても既に報告されていた。ウィーンで生まれ、ナチスの迫害を逃れてアメリカで活躍した精神科医ルネ・スピッツ（一八八七－一九七四）は、母親から離されて施設で暮らす乳幼児たちの異様な様子をフィルムに記録し、報告していた。フィルムには、自分の殻に閉じこもり、茫然と虚空《こくう》を見つめたまま体を揺すぶり続ける子どもや、ベッドのマットにうずくまったままじっと動かず、体を触られても無反応な子どもの様子が収められている。自分を傷つける行為を繰り返す子どもや、摂食量が減ってやせ細り、発達が止まってしまう子どもも珍しくなかった。

皮肉なことに、近代的な設備の整った乳児院よりも刑務所の育児室で育った子どものほうがはるかに健康で、発達の面でも問題が少なかった。その違いを生んだのはたった一つの事実——刑務所の育児室では、母親によって育児が行われていたということである。片や、母親を失い、乳児院に預けられた子どもたちは、十分な栄養を与えられ、衛生状態が良好に管理されていたにもかかわらず、三分の一以上が満二歳を迎えることなく死亡していた。まるで、母親を失うことは生きる意欲を失うことに等しいかのように。

たとえこの過酷な試練を生き延びたとしても、子どもたちはさらに困難なハンディを背負うことになった。そのことを明らかにしたのは、イギリスの精神科医マイケル・ラター（一九三三―）たちの研究である。ボウルビィの研究の発端は第二次世界大戦だったが、ラターたちのそれはベルリンの壁の崩壊だった。その流れの中で、ルーマニアのチャウシェスク政権が崩壊。国家的な混乱によって大量の孤児が発生した。施設に溢《あふ》れた孤児たちの一部は、イギリスに養子としてやってきたが、彼らには明らかに異常な問題が起きていたのだ。

ラターたちは、ルーマニアで生まれ孤児となり、施設で生後六カ月以上過ごしてから養子としてイギリスにやってきた子どもたちと、イギリスで生まれて六カ月以内に養子となった子どもたちを比較するとともに、その後を十年以上にわたって追跡した。ルーマニアの孤児たちには、深刻な問題が高頻度に認められた。愛着が不安定なだけでなく、多動で不注意だったり知能の発達も悪かったりした。さらに、他者との相互的な関係をもつことができず、自分の世界に閉じこもり、常同行動などの自閉症そっくりの症状を示すケースが、十二パーセントも認められたのだ。ちなみに、イギリスで生まれて六カ月以内に養子になった子どもでは、そうしたケースは一例も認められなかったのである。

母性の本質とは

施設のスタッフが熱心に子どもの世話をしても、母親の代わりとしては十分でなかった。

施設での養育の最大の問題は、世話をする人が交代するということにあった。八時間ごとのシフトで入れ替わるだけでなく、転勤や異動もある。いつも一人の母親が、二十四時間ずっとかかわり続けるのとは決定的な違いがあった。

ただ、愛着の研究者たちは、母親との絆は、いつもそばにいることや授乳や抱っこによって強化されるが、それさえも超えた現象であることを見出していた。たとえば、ボウルビィの共同研究者でもあったメアリー・エインスワース（一九一三－九九）がウガンダの村落で子育てを観察したところ、授乳や抱っこは共同で行っていたにもかかわらず、子どもは特定の存在である母親に対してだけ、特別な結びつきと安心感を示したのである。つまり、いつもそばにいて、授乳や抱っこをしていれば、それで母親代わりになるというわけではなかったのだ。

では、いったい、子どもは母親の何に反応して、母親を特別な庇護者《ひご》とみなしているのだろうか。

エインスワースは、母親とそれ以外の存在とのかかわりを観察するなかで、両者を区別する決定的な要素は応答性の違いだということを突き止める。母親は絶えずわが子の泣き声や表情に気を配っていて、少しでもわが子に異変を感じ取れば、抱っこしたり、あやしたりしていた。他の大人たちは、普通の基準では親切で優しい存在だとしても、四六時中その子の様子に目を光らせ、何か異変があるとすぐ手を差し伸べ、求めにこたえてやることまでは期待できなかった。

その意味では、布の母ザル人形も失格だった。心地よい居場所は提供したが、抱き返すことも、毛づくろいをすることも、見つめ返すことも、声をかけることも、揺すってやることもなかったのだから。

そこで、ある工夫が施された。母ザル人形を天井から紐《ひも》でぶら下げ、ゆらゆら揺れるようにしたのである。子ザルが動けば、母ザル人形も動く。子ザルが強く動けば、母ザルも強く動く。すると、たったそれだけの仕掛けで、体を絶えず揺することも、自傷行為や自慰的な行為をすることも、無関心・無反応な状態でうずくまることもなくなったのだ。子ザルたちは、奇妙な行動をせずに落ち着いているだけでなく、元気で活発に動き回るようになり、知的好奇心や神経系の発達も明らかによかったのである。

本当の母ザルは、もっとさまざまな形で子どもに反応している。そこで、雌の犬と六匹の子ザルを一緒に飼うということも試みられた。すると、雌の犬は母ザルほどには行き届いた世話をできなかったにもかかわらず、人形の母親と一緒に育てられるよりも、子ザルの発達はずっと良好だったのである。中でも、外界への興味や社会性の発達の点で格段に優れていた。

人間の子どもでも、活発な応答性が愛着形成を促進することは実証されている。母親が、心地よい居場所を与えてくれるだけでなく、間髪を容《い》れない応答や世話によって、いつも自分を見守ってくれているという安心感が、愛着として形作られていくとき、その子は「安全基地」を手に入れ、外界へと積極的に関心を向け、乗り出していける。

Ⅱ　人間アレルギーへの影響

不安定な愛着の三つのタイプ

愛着障害は、親から捨てられたり、虐待を受けたりした例外的なケースにみられる状態で、全体からすると稀《まれ》なものだと長く考えられていた。ところが、研究が進むにつれて、幼児の三分の一は母親に対して不安定な愛着しか示さないことがわかった。しかも、全体の一割近い幼児に、虐待された子どもに特有の混乱した愛着が認められた。さらに、不安定な愛着を示す子どもの割合は、近代的とされる社会ほど高かったのである。

54ページでも触れたが、不安定な愛着には、大きく二つのタイプがあり、母親がいてもいなくても無関心な「回避型」、母親がいなくなると極度に不安になり、再会しても素直に喜ばず、抱かれることに抵抗したり怒りをぶつける「抵抗／両価型（不安型）」に分類できる。さらに、両者が無秩序に入りまじった「無秩序型（混乱型）」も見受けられる。

無秩序型の子どもの背景に多いのは虐待だが、彼らは、幼児期から児童期に入る頃から、親のほうをコントロールする「統制型」に移行するようになる。予測不能の嵐《あらし》になすすべもなく翻弄《ほんろう》されているだけだったのが、嵐の予兆をうかがいながら、それを避けるために、親の機嫌をとったり、逆に困らせたりして、親をコントロールするようになるのだ。

回避型、抵抗／両価型、そして、無秩序型から発展した統制型。いずれのタイプになるかは、遺伝要因も影響するが、当然のことながら、養育要因の影響が大きい。幼児期から児童期にみられるこれらの不安定な愛着は、その後、特有の偏《かたよ》りをもった対人関係のパターンへと分化していく。その後の境遇・体験によって人間アレルギーへと発展する場合もあれば、安定型の愛着に変わり、人間アレルギーの発症を免れることもある。

次項以降では、愛着障害の各タイプに伴いやすい人間アレルギーの特徴を、その形成プロセスとともにみていきたい。

回避型を生む脱愛着

愛着がある程度形成された時点で母親がいなくなると、子どもは母親を求めて泣き叫び、探し回ろうとする。数日探し回っても母親が帰ってこないと、子どもは抑うつ的になり、周囲に背を向けて、自分の世界に閉じこもろうとする。食欲も低下し、何事にも無関心になり、他の人の慰めにも反応しない。

その状態がしばらく続くと、子どもは生き残るために、母親への愛着を忘れる選択をする。すると、あれほど強かった執着は消え、たとえ母親が現れたとしても、無関心である。これが脱愛着の状態であり、脱愛着による心の傷が、回避型愛着を生む重要な要因の一つと考えられる。

母親との離別は、生存さえも危機にさらされるほどの一大事である。愛着するがゆえにそれほどの苦しみを味わうのであれば、特定の誰かを強く求めることに臆病《おくびょう》になったとしても誰も責められないだろう。

だが、離別による脱愛着を味わっても、他の養育者によって、その傷が十分に補われれば、安定型の愛着を示す場合もある。そこまで十分補われない場合、愛着不安の強い抵抗／両価型を示すこともある。どちらに枝分かれするかには遺伝要因も関係する。

養育者との離別のような出来事がなくても、過敏な素質をもつ場合、子どもの感情や表情に対する母親の反応が乏しく、働きかけや応答が不足すると、子どもは高率で回避型を示すようになる。相手の反応を期待しなくなり、周囲に無関心になり、自分が相手に応答することもしない。逆に同じ素質をもっていても、応答を活発にすると安定型愛情を示す。

回避型の人の、他者に対する愛着の薄さは、脱愛着の痛みが遺《のこ》した傷跡かもしれないし、反応が乏しい親に〝適応〟した結果かもしれない。このタイプの人は、最初から交わりを好まず、相手の接近を居心地悪く感じ、距離をとることで自らの世界を守ろうとする。そのため孤立しやすいが、さらに人から傷つけられるような不快な体験をすると、なおのこと回避的な傾向を強め、親密な関係を避ける方向に向かう。感情を共有することを諦《あきら》め、心を閉ざすか、凍りつかせることで、自分が傷つくことを避ける。社交的に振る舞っている場合でも、心から打ち解け、信頼しあう関係を築くことが難しいため、活動性が高く、性的活動も旺盛《おうせい》な時期を過ぎると、次第に孤独が強まりやすい。

回避型がベースにあり、人間アレルギーを抱えて苦しんだと思われる人は、哲学者や作家に少なからずいる。社会の中で最も生きづらいこのタイプの人に、社会的な居場所を与えてくれる数少ない職業なのだろう。

夏目漱石は生後間もなく里子に出され、一度連れ帰られたが、一歳半のときに別の家に養子に出され、七歳を過ぎるまでそこで暮らした。養父母の夫婦仲が悪化したため仕方なく実家に戻ったものの、余計者扱いで、実の両親になじむことはできなかった。養家と実家の間で復籍をめぐる争いも発生し、漱石は肩身の狭い思いを味わった。

また、芥川龍之介は、わずか七カ月の時に母親が精神病を発症したため、母親の実家に引き取られて、伯母に育てられた。母親に対しては、「母らしい親しみを感じたことはない」と述べているように、愛着らしきものは形成されなかったようだ。

両名とも、孤独の影が終生付きまとい、自己不全感に苦しんだ。他人の悪意に敏感で、対人関係の煩《わずら》わしさにいらだつことも多かった。どちらも漠然とした不安とともに精神病的な症状にも苦しめられた。

漱石は、妻や子どもに対してほとんど無関心で、癇《かん》に障《さわ》ると怒鳴り声を上げ、折檻《せっかん》を加えた。英語教師をしていた頃の写真を見ると、その顔は不気味なほど無表情である。

芥川は、わが子が生まれたとき、「何の為《ため》にこいつも生れて来たのだろう?」と作品に託して書いた。自分の存在さえ危うく感じているのに、子どもを心から愛し、その存在を無条件に肯定することなどできなかったに違いない。

【ハーロウ自身の場合】

愛着という概念の科学的証明に大きな貢献をしたハーロウだが、彼も人間嫌いなところがある回避型の人物だった。実際、彼自身、愛情生活での困難と悲哀を味わっている。不器用で強情な性格で、摩擦も多く、飲酒に依存していた。

回避型になった背景には、子ども時代の体験がかかわっていた。端的に言えば、ハーロウは親からあまりかまわれずに育ったのだ。四人兄弟の三番目という位置は、もともとそれほど日の当たるものではなかったが、それに追い打ちをかけるように、ハーロウが三歳のとき、二番目の兄デルマーが脊椎《せきつい》カリエスになり、そのことが両親の心を占めてしまったのだ。

ハーロウは、後に両親を理想化して語る一方で、一抹の不満と悲しみを述べることもあった。母親の愛情の何割かを奪われたことで、自分は「孤独な大人」になったと振り返っている。両親の生き方も影響しただろう。キリスト教の少数派の宗派に属していたこともあり、住んでいる町でも孤立していた。他人との交際よりも、息子たちの教育に力を注ぎ、貧しい暮らしにもかかわらず、四人の兄弟全員を大学にやった。長男のロバートは後に精神科医に、ハーロウは心理学者になった。

うまく家庭を築けず、仕事に避難場所を見出す生き方をしてきたハーロウが愛情の絆について研究することは、必然だったのか、それとも運命の皮肉だったのか。おそらく前者だろう。

抵抗／両価型① 依存と拒絶の同居

抵抗／両価型（単に両価型と呼ぶこともある）が生まれる養育要因としては、母親の両価的な態度、養育者の一時的な交代、父親のかかわり不足などが挙げられる。

両価的な態度とは、可愛《かわい》がるときと突き放すときの差が大きいような接し方のことである。養育者の一時的な交代は、母親が働きに出たり入院するなどの事情で、祖父母などに預けられる場合が典型的である。それまでよくかまわれていた子が急に保育所に預けられたりした場合も当てはまる。同じ状況でも、もともと愛着が希薄な場合には、回避型が強まりやすい。

抵抗／両価型の人は、ある時点まで愛着が育まれていたのに、それが突然奪われ、強い不安を感じて、しがみつこうとしている。離れるともう二度と会えないような恐怖を覚え、泣き叫ばずにはいられないし、自分を置いて行ってしまった存在に対して怒りを覚える。そうした傷ついた記憶を抱えているため、依存できる人に出会うと、その人が自分を置いていなくなるのではないかという不安に襲われ、同時に怒りを覚えてしまう。最も求めているはずの人を信じられずに、攻撃してしまうという矛盾を抱えこんでしまうのである。

こうした傾向をもつ両価型の人間アレルギーは、他者を求め依存する面と、拒絶し攻撃する面が同居するという様相を呈する。愛着の仕組みを知らないと、どうしてそういう矛盾した反応が起きるのか、理解に苦しむだろう。

【鈍感な夫と求めすぎる妻】

雅夫さん（仮名）は、生真面目《きまじめ》な自営業の男性だ。あるとき、自宅に戻ると、妻の玖美さん（仮名）の顔色が冴《さ》えない。「どうかしたの?」と心配して訊《たず》ねると、玖美さんはその言葉でますますいらだったように、「聞かないと、そんなこともわからないの?」と、激しい口調でくってかかってきた。

「何だ、その言い方は。ちゃんと説明してくれないと、わかるわけないだろう」と思わず言い返したところ、玖美さんはまるで雅夫さんの反撃を待っていたかのように、日ごろの不満をぶつけて、夫を罵《のの》り始めた。雅夫さんも理性を失ってしまい、妻への不満を爆発させた。いつもの大ゲンカだった。

それから何日も冷戦状態が続くというパターンを、この二、三年繰り返している。雅夫さんは、言い返すと藪蛇《やぶへび》だとわかっていても、玖美さんが痛いところをついてくるので、思わず我慢しきれなくなって戦端を開いてしまうという。

結婚して十数年。恋愛結婚で結ばれた二人は、当初とても仲が良く、相性もぴったりに思えた。少し神経質で細かいことにもよく気がつく玖美さんは、人が良く、あまり目端が利《き》かない長男タイプの雅夫さんの不足を補ってくれる存在だった。玖美さんの指摘に助けられたことも少なくない。ただ、雅夫さんからすると、玖美さんは心配し過ぎるところがあり、指図や助言がよけいなお世話に思えることもしばしばだった。

一方、玖美さんは、夫が自分の苦労をちっともわかってくれず、自分の気持ちをないがしろにしていると感じるようになっていた。夫のすることなすことがあまりにも鈍感に思え、最近では、その一言一言にいらだちや嫌悪《けんお》感さえ覚えてしまう。

いっそのこと別れた方がいいのかと思ったりもするが、いざ離婚すると考えると不安になり、いまの生活を失うことが怖くなる。冷静に考えると、夫に頼っている面も大きく、夫なしでは金銭的にも精神的にも自分を支えることができないと思う。

「どうかしたの？」という心配した夫の言葉に、「そんなこともわからないの？」といらだった言葉で返したことは、典型的ともいえる両価型の反応である。かまわれたい、優しくされたいと思っているのに、実際に相手がかまおうとすると、はねつけるような反応をしてしまう。両価的な反応の根底には、もっともっと愛情をほしがる気持ちがある。その気持ちを満たしてくれないことに対する怒りが、相手を責めたてたり、拒否したりする反応として現れる。

このケースの場合も、背景をさぐるうちに浮かび上がってきたのは、玖美さん自身の生いたちだった。不安定な家庭環境で育ち、親に愛されているという実感がなく、親と心から打ち解けることもできなかったということである。

そして彼女は、そんな親の代わりになる理想的な庇護者の役割を、雅夫さんに求めようとしていたのである。格式のある家庭で育ち、長男として愛情をたっぷり受けた雅夫さんは、玖美さんには眩《まぶ》しい存在に思えたのだ。

だが、外面的には安定した家庭を手に入れても、玖美さんは、自分の心が本当には満たされていないと感じるようになっていた。雅夫さんに完璧《かんぺき》な夫を求め過ぎて、少しでも期待外れだと、怒りを覚え、責めてしまう。そうなると、雅夫さんが象徴していた家柄や格式といったものがむしろ重荷になり、雅夫さん自身の頼りなさや難点が目につくようになってしまったのだ。

抵抗／両価型② 養育者の否定的な言動

抵抗／両価型の愛着は、他者を素直に肯定するのではなく、アラさがしをして、批判や悪口をいうという形でも現れやすい。こうした傾向をもつ人には、親がそうするのを聞いて育ったという場合が少なくない。

【悪口ばかり言う親】

専門職の仕事をしている倫代さん（仮名）は、四十歳になったばかりである。職場の同僚の女性が冷淡な態度をとるということで悩んでいる。他の人には優しく、媚《こ》びを売って接するが、倫代さんにだけは話しかけようともせず、仏頂面《ぶっちょうづら》をするような気がするという。

前の職場で六年我慢した後、一年前に転勤で現在の職場にきた。自分の専門性を活《い》かせるところがここしかなく、通勤も遠く不便だが、移ることにした。

同僚女性が冷淡になったきっかけは、車通勤にするか電車通勤にするかで二転三転して、事務手続きで手間をかけたことだったと思う。以来、その人のことが気になって、イライラしてしまう。考えてみれば、今回だけではない。前の営業所に勤務しているときも、所長や次長から、急に冷たい態度をとられたことがあった。うまくやれていたはずなのに、何かの拍子に態度を変えられる。自分にも、いったん嫌いになると、とことん嫌いになってしまうところがある。自分が嫌うと、相手も自分を嫌うようだ。

知らずしらず相手に不快な印象を与えてしまう部分がないかと振り返っていくうちに、いくつか特徴的な行動の傾向に思い当たった。

一つは、正しいことにこだわってしまう点だ。不正や決められたルールと違う点があると、放っておけない。気になりだすと、そのことばかりに目が向き、許せなくなる。

もう一つは、批判とか不満をつい口にしてしまうことだ。周囲の人は、そういうことはあまり言わない。だが、ちゃんとやっていないのをみつけたり理不尽なことをされると、黙っていられない。

そう言えば、母親も愚痴っぽくて、不平不満ばかり言っていた。それが自分にもうつったのだろうか。そのことを母に言ったら、他に誰にも言う人がいないからと、弁解されたことがある。父親は、DV、ネグレクト、虐待《ぎゃくたい》何でもありの人。母はその不満を子どもに吐き出していたように思う。他人の悪口を言い合うのは、両親のコミュニケーションのようなもので、他人をほめるのを聞いたことがない。

末っ子だったので、割と甘やかされた。集団にもまれていないので、集団の中に身を置くことが苦痛である。母とはよくやり合うが、気持ちの面で頼っている。老いて小さくなった母親の夢を見て、すごく悲しくなった。

見合いの話もあるが、どれも気に入らないので断っている。この間見合いした相手は、自分より給料が安くて、断った。正直言って、親が家事をやってくれている今の生活が楽。自分が相手のためにやらないといけないと思うと、気が重い。

一人は厭《いや》ではないが、ずっと一人で生きていくのはつらい。近所に六十歳くらいの人が独身で住んでいるが、自分もああなるのかと思うと少し憂鬱《ゆううつ》だ。しかし、結婚したくない気持ちも半分ある。

倫代さんの場合、人を厳しい目で見て、ネガティブな気持ちにとらわれやすい一方で、そういう相手にも認められたい、受け入れられたいという気持ちが強かった。両価型の特徴である。自分に対して拒否的な相手の態度にイライラしながら、その相手に受け入れられたいと強く願うのは、親の顔色をうかがいながら育った人にありがちなことだった。

倫代さんにそのことを指摘して、「同僚の女性に認められたい、仲よくしたいと思わなくてもいいのでは」と話した。本人も納得し、後日、「あれから、顔色をうかがい、機嫌をとろうと無理して近づくことをやめた。口を利かなくてもいいと思うと、すごく楽になった」と話してくれた。

抵抗／両価型③　憎しみという形の愛着

愛着は、本来、いざというときに自分を守ってくれる存在との絆である。不安が高まったり危険を感じたとき、その存在に身を寄せることで、安全を確保しようとする。愛着の対象に対して、人は親しみや安心や愛情を感じる。

だが、それは愛着が健全に育まれ、維持された場合の話である。

ある調査によると、わずか一歳半の子どもの約一割は、自分を少しでも置き去りにした母親が戻ってくると、親しみや安心の笑顔ではなく、怒りや抵抗で反応する。数分間そばを離れただけでもそうだ。何日も放っておかれたり、慢性的にかまわれずに育てば、子どもは母親を求め続けるがゆえに、心の中に怒りと憎しみを宿すようになる。心を憎しみで満たすことで、親を求める気持ちを圧殺しようとするのだ。

両価型の人が、さらに見捨てられたり傷つけられたりする体験をすると、求めようとする気持ちが強い分だけ、それが強い憎しみとなって表れることがある。人は、ときに、愛着する対象に憎しみを向けるという形で、その存在にこだわり続けるのだ。

子どもの頃からそうやって自分のバランスをとってきた人は、普段は冷静で、何の問題もないようにみえても、親のことを考えただけで気持ちがざわつき、否定的な感情が湧《わ》きあがってくる。どこか冷静でいられない。心が制御できない怒りや憎しみを覚えてしまう。サティのいうように、憎しみとは、挫折《ざせつ》した愛であり、愛の対極に位置するのではなく、愛の一つの表現なのかもしれない。

【ショーペンハウエルの場合】

哲学者のショーペンハウエルは、母親に対して終生強い憎悪を抱いていたことで知られる。女流作家として活躍した母親は、社交や芸術には関心はあっても、子育てには無関心で、息子は放っておかれることが多かった。ショーペンハウエルが、幼い頃からすでにふさぎ込むことの多い神経質な性格を示していたのも無理からぬことだった。だが、母親を求める気持ちは強く、青年になってもまとわりつこうとした。しかし、そのたびに見せつけられるのは、母親は息子よりも自分の楽しみを優先するということだった。

息子とさほど年の違わない愛人との関係にうつつを抜かす姿を見て、ショーペンハウエルは、とうとう我慢しきれず、心の中にためていた言葉を口にしてしまう。「父親を自殺に追い込んだのは、あなただ」と。それで一巻の終わりだった。母親は、息子と縁を切ると言い、自分の屋敷からの退去を申し渡した。終生、二人が再び会うことはなかった。一度、母親が経済的に窮迫し援助を頼んだことがあったが、息子はこのときとばかり、けんもほろろに拒絶した。

重度の人間アレルギーが生み出される要因の一つは、愛着が深く傷つけられ、怒りや憎しみを向けるという仕方でしか人を愛せない、ねじれ、裏返った愛着を形成してしまうことだ。

怒りと憎しみの愛着を抱えた人は、相手を愛すれば愛するほど怒りと憎しみにとらわれるというジレンマに陥る。自分でも、何に怒り、何を憎んでいるのかもわからないままに、自分が一番信じていい存在も、守るべき安心の拠《よ》り所《どころ》も、自ら破壊してしまう。ときには、長年離れて暮らしたために、親への愛着がなくなってしまう場合もある。脱愛着だ。しかし、その状態に至るまでには激しい怒りと憎しみの過程を通り抜けねばならない。その傷跡が、心のどこかに必ず残る。

抵抗／両価型④　父親の「不在」

父親の不在やかかわり不足も、両価型の愛着を生む要因となる。母親のかかわりが不足しがちだったり、不安定だったりしても、父親がそれを補うと、バランスを保つこともできる。だが、うまく補えないと、子どもは愛情不足を味わいやすく、それを母親にすべて求めようとして、抵抗／両価型を呈しやすいのだ。

核家族化し、母子が孤立しやすい環境は、母親への負担を大きくするだけではない。母親がうまく機能しないときに代替機能が働かず、子どもは負の影響をもろにかぶってしまう。

子どもが成長するにつれて、父親の役割は増してくる。父親は子どもを守り、遊びなどを通して社会へと導くとともに、母親と子どもの間に立ちふさがることで、母親を独占したいという子どもの際限のない欲求を阻《はば》む。父親との安定した愛着は、この三角関係を乗り越えることを容易にし、子どもが一対一の関係だけでなく、三者関係をもてるようになるのを助ける。

ところが、エディプス関係と呼ばれるこの三角関係を乗り越えられないと、子どもは父親に対してネガティブな感情をひきずるだけでなく、三者関係に居心地の悪さを感じるようになる。つまり、一対一の関係に第三者が入ってくると、よけいな緊張を覚え、その存在を排除したいという思いをもってしまうようになるのだ。

母子密着と〝邪魔物〟としての父親がセットになっている状況も、現代ではよくみられる。しかも、父親はしばしば母親を苦しめる存在として振る舞う。母親だけがいればいいのにと、子どもはひそかに願望し、その思いが父親に対する居心地の悪さや緊張を強める。父親の不満を言いつつも、完全に拒否するわけでもない母親の煮え切らない態度に、子どもはよけいいらだつ。

この段階の問題をひきずる人は、権威的な存在、父親的な存在に対して、反発や憎しみを抱きやすい。下手をすると、母親さえも二心のある者とみなし、母親との愛着も傷を受け、人間全般への怒りや不信につながることもある。自分を裏切り、自分のものにならなかった母親を取り戻すとともに貶《おとし》めるために、母親代わりの女性を征服し、蔑《さげす》み、棄《す》てることで、復讐《ふくしゅう》を遂げようとすることもある。彼が目の前に見るのは、母親と同じく〝信用ならない女〟なのである。

統制型①　尽くしてしまう懐柔型

統制型は、気まぐれな親に虐待され翻弄された無秩序型の子どもが、知恵がつくにつれて、自分を苦しめる親をどうにかコントロールしようとした結果、生み出されたものだ。親に対して「良い子」として振る舞い親の機嫌をとろうとする場合と、逆に「悪い子」や「病気の子」になることで親をあわてさせ、関心をひきつけ、自分にかかわらざるを得ないように操縦する場合がある。このタイプの人は、自分を犠牲にして、保護者役を引き受けたり、問題児や病人になることで、親を制御し、家庭がばらばらに崩壊するのを防ぎとめようとしている。

統制型の一つは、「懐柔型」とも呼ばれる。不安定で未熟な親の機嫌をとったり、慰め役、保護者役となったりして、親を安定させようと努めるタイプである。このタイプの人は、親の不安定な心理状態や夫婦ゲンカさえ、自分の努力や犠牲が足りないからだと考える。常に顔色をうかがい、強迫的なまでに尽くそうとする。

そうしたかかわりの持ち方は親以外との関係においても再現され、自分のことを後回しにしてでも尽くさずにいられない。とても奉仕的で、他人を大事にするので、その人の中にある人間アレルギーに気付かれることは少ない。なぜなら、その人の努力のすべては、心の奥底に潜む人間アレルギーを、よく言えば乗り越えるために、悪く言えばカモフラージュするために、捧《ささ》げられているともいえるからだ。

【良い子の代償】

亜紀さん（仮名）は、自他ともに認める至誠力行の人であり、人には誠実に、自分には厳しく、常に努力を怠らずに働いてきた。その甲斐《かい》あって、仕事でも成功し、男性優位の会社で出世を果たした。

そんな自分の生き方に疑問をもつようになったのは、手塩にかけて育ててきたはずの娘が万引きで補導されたことからだった。お小遣いは潤沢に渡しており、万引きする必要などまったくなかった。しかも、改めて娘の行動をチェックしたところ、出会い系サイトで知り合った見ず知らずの男を相手に、売春まがいの行為を繰り返していることもわかったのだ。順調に育ってきたと思っていただけに、亜紀さんは強いショックを受けた。娘が亜紀さんに見せていたのは、偽りの「良い子」の部分でしかなく、本音を語ることは久しくなくなっていたのだ。

しかも、そんな矢先、自分が一番信頼し、その人のためにと思って働いてきた上司から思いもかけない誹謗《ひぼう》中傷を受け、今まで苦労して積み上げてきたものが一気に崩れ落ちるような感覚を味わわされた。家庭を犠牲にしてまで働いてきたことも急に空《むな》しく思え、どこで何を間違えたのかと、自分の生き方を改めて考えざるを得なくなったのだ。

亜紀さんは、仕事はできるが酒飲みで遊び人の父親と、そんな父親に逆らえず精神的に不安定なところのある母親の間に生まれた。母親がめそめそ泣くと慰めるのは亜紀さんの役で、父親に説教しようとして殴られたこともあった。

とはいえ、亜紀さんは父親のお気に入りでもあり、亜紀さんが優秀な成績をとってきたりすると、父親の機嫌がよくなった。自分が頑張って両親の間をとりもたないといけないという思いが心のどこかにあったという。

亜紀さんは、母親に同情し、母親を苦しめる父親のことを憎む一方で、弱々しい母親よりも生活力のある父親に一目置いているところもあった。家の手伝いをしながら、自分に厳しい目標を課し、勉強も頑張った。母親に楽をさせてやりたいという思いとともに、母親のように夫の経済力に依存して生きていくのは嫌だという思いもあった。

そんな子どもの頃からの思いが、亜紀さんの生き方を決定したともいえる。そして、キャリアの面では成功し、経済的な自立も達成できた。自分よりも相手の気持ちや都合を優先することで、相手に気に入られ、認められるという生き方は、ビジネスの成功には役立った。だが、彼女自身の本音は置き去りにされたままだった。

そして、困ったことに、そうした生き方を、知らずしらず娘にも強いてしまっていたのだ。優等生を演じることも、見ず知らずの男に体を預けることも、一見正反対のようでいて、相手の気持ちや都合に合わせて偽りの自分を演じることによって認めてもらうという点では、同じなのであった。

統制型②　支配だけが目的の懲罰型

統制型のもう一つのタイプは、力や罰によって支配しようとするものである。「懲罰型」とも呼ばれる。

このタイプの人は、偽りの役柄を演じても、あまり周囲から認めてもらえない。自己犠牲が報われないことで、よけいにプライドが傷つき、人間に対する強い憎しみを宿すようになる。その結果、周囲の存在を思い通りに操ったり冷酷に搾取《さくしゅ》し復讐することで、自分の優位を確かめ、満足を得ようとするようになる。心理操作や欺《あざむ》きや暴力を駆使して、相手を思い通りに支配することだけが目的化していく。

このタイプの人にとって、他者との共感的な絆《きずな》は存在せず、支配だけが満足の源泉となる。自己愛性パーソナリティ障害や反社会性パーソナリティ障害をもつ人の他者とのかかわり方は、こうした特性を帯びている。配偶者やわが子とも、同様の関係しかもてない。

【自己愛のお飾りにされた女性】

モデルをしていた愛佳《あいか》さん（仮名）が、聖陽《まさあき》さん（仮名）と知り合ったのは、五年前のことである。聖陽さんは三十代の若さで、母親が一代で築いた会社の専務取締役の地位にあった。高級車を乗り回し、何十万もするブランド物の洋服やバッグを惜しげもなくプレゼントしてくれる経済力とともに、堂々とした身のこなしや、どこかクールな態度さえ、魅力的に映った。聖陽さんのプロポーズを断る理由は見当たらなかった。

だが、一緒に生活するようになると、夫の意外な一面を知るようになった。自信たっぷりに見えた聖陽さんは、実はコンプレックスの塊で、会長である母親と社長の兄には頭が上がらなかった。小さいときから優秀な兄と比べられ、母親からは今でも小さな子どものように扱われていた。自分の妻が美人の元モデルであることを自慢したがるのも、そんなコンプレックスの表れに思えた。

その頃は聖陽さんのことを愛していたので同情したものだ。だが、そんな思いも長くは続かなかった。

最初におかしいと思ったのは、妊娠がわかってしばらくたったある晩、夫が求めてきたときのことだった。まだ悪阻《つわり》が残っていてそんな気分ではなかったので拒否すると、烈火のごとく怒りだし、半ばレイプのようにセックスをさせられた。後で謝ってくれて、仲直りはしたものの、心のどこかにしこりが残った。

無事に子どもが生まれ、聖陽さんも子どもにべたべたの様子で、あのとき感じた違和感は薄らいだかのようだった。だが、それは思い違いだった。聖陽さんが再び求めてくるようになると、体が拒否し始めたのだ。

愛佳さんは赤ん坊の世話を言い訳にして早くベッドに入り、極力、夜は聖陽さんと二人きりにならないようにした。言い訳が見つからず、応じざるを得ないときもあったが、苦痛だった。

聖陽さんのベッドでの態度は以前にもまして利己的になり、そのため愛佳さんの体がうまく反応しないこともあった。すると、聖陽さんはいらだち、「不感症か」と蔑むような態度をとった。頑《かたく》なに拒否すると暴力を振るわれ、妻としての務めを果たせと罵られた。「そのために、たっぷり金を渡している」とも言われた。

愛佳さんはそれまで直視を避けていた事実に向き合わざるを得なかった。自分は、夫のコンプレックスを補償するための〝お飾り〟として選ばれたのではないのか。

いつしか夜が怖くなり、夫が自宅に帰ってきただけで、体に緊張が走るようになっていた。そんな生活に耐えられなくなり、ついに子どもをつれて家を出た。夫は彼女の銀行口座とカードをただちにブロックした。

その後、愛佳さんは話し合いをしようとしたが、聖陽さんは罵り続けるだけで、話し合いにもならなかった。挙げ句、資力に物を言わせ、腕利きの弁護士を何人も雇って、離婚と子どもの引き渡しを求める訴訟を起こしてきた。

過保護な環境も原因に

過剰に保護され、母親に支配・管理されすぎて育った子どもには、次のような傾向が見られる。

①引っ込み思案で不安感が強い。
②友達を作るのが下手で、うまく協調できなかったり、過度に迎合したりして、安定した関係が築きにくい。
③成長してからも依存的で、重要なことのみならずささいなことまで母親に頼ろうとする。
④少数の友達や親しい存在に対しても、過度に依存したり束縛したりする。
⑤ストレスや変化に対して耐性が低く、心身の不調を生じやすい。また問題を自分で乗り越えることができない。
⑥主体的な意欲や関心、自己主張に乏しく、自信や覇気にも欠ける。

母親がすべてのレールを敷き、すべての害毒から守りすぎて、他者や社会生活に対する心の免疫《めんえき》を獲得する機会を失ってしまったのである。そのため、母親以外の存在に対して、気を許すことも、必要な警戒心をもつことも、うまくできない。不必要な警戒心から、相手を避けたり、攻撃してしまったり、かと思うと危険な相手の巧言令色にいともたやすく欺かれてしまう。その結果、人間に対する不信感をもってしまうことも多い。

他人を見極め、心を開いたり用心したりする経験を、幼いうちから積むことが、社会生活を営むためには必要なのである。過保護で支配的な養育は、その機会を奪ってしまう。

【萩原朔太郎の場合①】

『月に吠《ほ》える』などの作品で、日本の詩壇に新風を吹き込み、「近代詩の父」とたたえられる詩人の萩原朔太郎は、自らも認める人嫌いだった。

「町へ行くときも、酒を飲むときも、女と遊ぶときも、僕は常にただ一人である」と言い、友といて気を遣うよりも、「一人の自由と気まま勝手」のほうが気楽に楽しめた。

朔太郎は『僕の孤独癖について』という小文の中で、生来神経質で虚弱な素質的要因に加えて、「こうした性癖の発芽は、子供の時の我がまま育ちにあるのだと思う」と述べている。開業医の恵まれた家庭に長男として生まれ、「甘やかされて育った為に、他人との社交について、自己を抑制することができないのである」と振り返り、「その上僕の風変りな性格が、小学生時代から仲間の子供とちがって居たので、学校では一人だけ除《の》け物にされ、いつも周囲から冷たい敵意で憎まれて居た。学校時代のことを考えると、今でも寒々とした悪感が走るほどである。その頃の生徒や教師に対して、一人一人にみな復讐をしてやりたいほど、僕は皆から憎まれ、苛《いじ》められ、仲間はずれにされ通して来た。小学校から中学校へかけ、学生時代の僕の過去は、今から考えてみて、僕の生涯の中での最も呪《のろ》わしく陰鬱な時代であり、まさしく悪夢の追憶だった」とぶちまけているほどである。

こうした子どもにとって、学校は身を守るすべのない無法地帯のように感じられる。

「教室の一番隅に小さく隠れ、休業時間の時には、だれも見えない運動場の隅に、息を殺して隠れて居た。でも餓鬼大将の悪戯《いたずら》小僧は、必ず僕を見付け出して、皆と一緒に苛めるのだった。僕は早くから犯罪人の心理を知っていた。人目を忍び、露見を恐れ、絶えずびくびくとして逃げ廻っている犯罪者の心理は、早く既に、子供の時の僕が経験して居た」

今でいえば、社会性の発達の面で課題を抱えたタイプの子どもだったのだろう。そうした子どもにとって、学校での体験はしばしば不快で苦痛に満ちたものとなり、生涯の人間アレルギーを刻み込んでしまう。朔太郎の学校生活は挫折の連続で、何カ所も中学や高校を変わっている。

医者だった父親にも似た傾向があったようで、来客を好まず、自宅の外でしか人と会わなかったという。遺伝的な要素もあったのかもしれない。

おまけに、朔太郎はもう一つ大きな困難を抱えていた。青年期に入った頃から、強迫観念に悩まされるようになったのである。好意をもっている相手に「私の愛する親友！」というような言葉を言おうとした瞬間、まったく正反対の「この馬《ば》鹿《か》野《や》郎《ろう》！」といった言葉が思い浮かび、それが口をついて出そうになってしまうのだ。その不安から逃れるために、つい友人付き合いも避けるようになってしまったというのだ。

不道徳な言葉が勝手に思い浮かぶとか、犯罪的な行為をしてしまわないか、あるいはしてしまったのではないか心配になるという強迫観念は、真面目な気質に加えて、口うるさくしつけられ、自分の本音を抑圧しすぎる人に多くみられる。実際には、人を害するような行動から最も遠い人たちなのだが、それをしてしまうのではないかという不安が切迫して感じられるのだ。

ほどよいストレスは人を逞《たくま》しくする

アカゲザルなどでも、子どもが幼い間は、親が子どもを攻撃することは一切なく、子どもの欲求を全面的に受け入れ、満たそうとする。十全な満足と安心を与える時期が、最初の段階には不可欠のようだ。

しかし、いつまでもただ満たし続ければいいと言うわけではない。適度なストレスや刺激も必要なのである。母親に抱き付いている子ザルは振り落とされてしまうかもしれない危険にさらされているが、まったく安全な動かない人形の母ザルに抱き付いているよりも、発達ははるかに良い。適度なストレスはプラスに作用するのだ。

近年アレルギーが増えている要因の一つとして、清潔すぎる環境が指摘されている。

幼い頃から清潔すぎる環境で暮らすと、不必要な免疫を抑える仕組みが発達せず、アレルギーが起きやすくなるというのである。

免疫を抑える仕組みとして重要な役割を果たしているのが、制御性T細胞である。幼い頃に接触した異物に対しては、制御性T細胞が増える。この制御性T細胞は、面白い性質をもつ。平和国家の軍隊のように、戦わないことを仕事にしているのだ。戦わないことで、無用な拒絶反応が起きないようにしているのである。アレルギーが起きやすい人では、この制御性T細胞が減少している。制御性T細胞が欠落している場合には、自分自身の細胞に対して攻撃が起きる。いわゆる自己免疫疾患を発症してしまう。

幼少期にあまり細菌に感染しないと、制御性T細胞が十分に増えず、免疫を抑える仕組みが未発達になってしまうと考えられている。要するに、あまりに衛生的で、幼い頃に守られ過ぎると、無害な異物に対しても過敏な体質を身に付けてしまうということだ。

そのことは、ストレスの少なすぎる過保護な環境で育つと、人間アレルギーになりやすいことにも通じる。心理的に無菌な環境で育つと、自分の思い通りのもの以外一切受け付けない潔癖な性向を身に付けてしまいやすい。

家族が雑魚寝《ざこね》して暮らすことがあたりまえの環境で育った人と、小さい頃からベビーベッドや子ども部屋に隔離され、他の子どもとケンカをしたり仲直りをする機会もあまりないままに、何でもリモコン操作一つで思い通りに操れる環境で大きくなった人では、他者を異物として受け止める感度に違いが生じたとしても、不思議はないだろう。

恐れ・回避型というハイブリッド

抵抗／両価型の人が他者から深く傷つけられて強い人間アレルギーを抱えると、人に受け入れられたい、愛されたいという気持ちと、人が信じられず、拒絶されることを恐れ、心を開けない気持ちとの間で、強いジレンマを覚えるようになる。抵抗／両価型に回避型も加わった、恐れ・回避型と呼ばれるタイプである。

【モームの場合①】

短編の名手として知られ、また、『人間の絆』や『月と六ペンス』といった人間性への深い洞察に満ちた長編作品を残した作家サマセット・モームは、パリで活躍するイギリス人弁護士の父親と、社交界でもその美貌《びぼう》を謳《うた》われた母親のもとに生まれた。モームを生んだとき、母親はすでに結核を病んでおり、八歳のとき、ついに帰らぬ人となる。

モームの母親への執着は異常なほどで、生涯母を失った痛手を引きずり続けた。モームの一人娘の回想によれば、モームは母親の写真を常に枕元《まくらもと》に飾っていただけでなく、母親の長い髪の毛をずっと保管していて、あるときそれを見せてくれたという。娘は、母親への思いに胸を打たれるとともに、何かぞっとするような異常さを感じたという。

モームの孤独を決定的にしたのは、さらに二年後、父親をガンで失ったことである。

両親を失った十歳の少年が、ひとり預けられることになったのは、イギリスの田舎町で牧師をしている厳格な叔父夫婦のもとだった。叔父夫婦には子どもがいなかったので、その選択が妥当だと考えられたのだ。だが、この叔父は、およそ共感的な愛情というものに欠けた人物だった。

モームをさらに苦しめたのは、寄宿生活を送ったパブリック・スクールでの陰湿ないじめであった。モームはひどい吃音《きつおん》症で、両親の相次ぐ死と、異国と言ってもいいイギリスの環境が、それをさらに悪化させていた。虚弱体質や背が低かったことも手伝って、からかわれ、馬鹿にされ、いじめぬかれた。この体験は、モームの人間アレルギーを決定的なものにした。

最悪の学校生活から彼を救い出したのは、病気だった。肺浸潤(結核の初期症状)と診断され、南仏のイエールに転地療養することになったのだ。彼はそこで文学に本格的に目覚める。パブリック・スクールを卒業すると、モームは一年だけドイツのハイデルベルクに留学を許された。ハイデルベルクの自由な空気は、ますますモームを文学や芸術へと駆り立てた。彼をひきつけたものの一つは、ショーペンハウエルの厭世哲学《えんせい》だった。世界は盲目の意志に操られる表象に過ぎず、すべては無意味だという考え方に、むしろ救いを見出《みいだ》したのだ。何をしても無意味ならば何をしたっていいではないかという開き直りが、モームの心を自由にした。

留学を終え、イギリスに戻ると、叔父を安心させるために、計理士事務所の見習の仕事に就く。だが、たちまち嫌気がさして二カ月で辞めてしまう。そこで叔父を納得させるために持ち出したのが、医者になるという計画だった。叔父も賛成してくれ、モームは医学生となった。医学への高い志があったわけではない。作家になるための時間稼ぎであり、定職に就くことを猶予《ゆうよ》してもらうための口実に過ぎなかった。

医学生となっても、モームは孤独であった。他の学生とはほとんど交流もなく、本が友達だった。親しくしたのは、同年代の友達よりも、下宿屋の女将《おかみ》といった年上の話しやすい女性だった。モームは、母親的な優しさに飢えていたのである。

結局、医学部を卒業したものの医者にはならず、作家として身を立てる道を目指す。人間アレルギーを抱え、心から他者に親しめないモームにとって、臨床医として生きることは、社会的地位や経済的な安定が保証されるにしても、あまり容易ではなかった。彼は、自分が他者との親密な関係を避けてしまったり、過度に傲慢《ごうまん》に振る舞ったりして不必要にぶつかってしまうことを自覚していた。そうした生きづらさから逃れるために、彼は〝生の人生〟を回避する生き方を選ぶのである。

そのことは、モームが最初から作家として大成功したわけでも、十分な収入を得られたわけでもないことを考えると、いっそう明白だ。なかなかヒット作にも恵まれず、経済的にも苦しかった。それでも、モームにとっては、人間社会の中で働くよりも、孤独に原稿用紙に向かうほうが楽だったのである。

信じようとするがゆえに

【モームの場合②】

モームが作家として認められるようになったのは、処女作の出版から十年後、三十三歳のときである。

結婚したのは四十二歳で、相手は三十代半ばの離婚歴のある女性だった。失恋して失意の最中にあったモームの前に現れた女性シリーである。シリーの父親は、孤児院をイギリスに何十カ所も作った有名な社会事業家で、彼女も厳格で禁欲的な家庭で育った。二十歳以上も年上の学者に嫁がされたが、シリーはおとなしく禁欲に耐えるような女性ではなかった。父親の教えに反逆するように、夫以外の男性とアヴァンチュールを重ねただけでなく、決まった愛人からお手当さえもらっていた。モームと知り合ったとき、シリーには派手な暮らしでできた多額の借金があり、もっと金回りのいいパトロンを必要としていたのだ。

シリーはまだ夫と別れておらず、子どもを身ごもったりすれば、面倒な事態になるのは誰にでもわかることだった。ところが、いつもは人を信じないモームが、骨抜きにされたようにシリーのペースにはまってしまう。

最悪なことに、シリーの夫は私立探偵を雇って、妻の行動を見張らせていた。モームとの関係を突き止められ、窮地に陥ったシリーは、ベロナール（睡眠薬）を大量に飲んで自殺を図る。狼狽《ろうばい》したモームは、シリーに同情し、すべてのしりぬぐいを自分が引き受けることを決意する。

シリーの本性を見抜いていた友人は、まんまとワナにはまるようなものだと忠告した。借金を払わせるためのカモにされたのだというのだ。だが、モームはこう言って、シリーとの結婚の決意を変えようとしなかった。「自分も孤児でつらい思いをした。子どもに同じ思いを味わわせたくない」。モームは、おなかの中の子どもと、自分の身の上を重ね合わせていたのだ。

しかし、一緒に暮らせば暮らすほど、シリーの性格も、生き方も、軽薄な趣味や教養のなさも、すべてがモームをいらだたせた。わずかにあった同情は、たちまち激しい憎しみへと変わっていった。結婚生活は、形のうえでは十年あまり続いたが、後半はほとんど一緒に過ごすこともなかった。この不幸な結婚は、モームの人間アレルギーを救いようのないほど決定的なものにした。

七十五歳のときに出版された『作家の手帳』には、次のような一節がある。

「心の底まで相手を知り尽くし、知り尽くされようと、力の限り寄り添おうとする。だが、少しずつ、そんなことは土台不可能で、どんなに熱意を込めて相手を愛そうと、どんなに親密に相手とつながろうと、しょせん、相手は見知らぬ他人でしかないということを知るようになる。もっとも献身的な夫や妻でさえ、互いをわかることはない。それゆえ自分の殻にこもり、黙りこみ、誰にも、一番愛している人にさえ見せることのない自分だけの世界を作るようになる。理解してくれる人はないと悟ったがゆえに」


モームの場合もそうだが、人間アレルギーを抱えている人は得てして恋愛下手で、結果的に男運・女運が悪い。その人の中の偏《かたよ》りや頑なさが、バランスのいい関係を妨げるため、ふさわしい人に出会い、幸福な恋愛をすることが難しい。

しかし、モームのように深い傷を抱え、人を信じられない人でさえ、誰かを信じようとする。まだ若くて、人を愛し、求めようとするエネルギーに満ちているとき、人は一縷《いちる》の可能性にかけて、人との結びつきを信じ、取り戻そうとする。それもまた注目すべき現象だろう。

第五章　人間アレルギーの克服

増加する人間アレルギー

アレルギーが現代人に蔓延《まんえん》しているのと同じように、現代社会における人間アレルギーもまた、急速に拡大している。雑菌のない清潔な環境がアレルギーを助長しているのと同様、人と人の触れ合いの乏しい隔離された環境が人間アレルギーを促進している。

さまざまなシステムに制御された快適な環境に慣れた現代人にとって、思い通りにならない他者の存在は、不快さの要因になる。

人間アレルギーが増える要因は、それ以外にも指摘できるだろう。親との関係が流動化し、愛着障害が増えていることも、大きな要因の一つである。抱っこやおんぶといった密着を嫌い、文字通りのスキンシップが減る傾向は、愛着障害の増加を後押ししているだろう。

いまや日本では、単身の世帯が、全体の半分を占めようとしている。希薄になる愛着は、人間アレルギーの増加と背中合わせだ。

虐待《ぎゃくたい》、いじめ、ハラスメント、ＤＶ、離婚といった比較的距離の近い人間関係における卜ラブルの増加は、人間アレルギーの増加を示す一つの指標だと言える。また、婚姻率の低下やセックスレス、少子化、恋愛する若者の減少といった事態も別の指標かもしれない。

人間アレルギーが問題なのは、それが対人関係の問題を引き起こすだけでなく、ストレスを助長し、健康や寿命にもマイナスの影響を及ぼすからである。

たとえば、人間アレルギーが原因の一つとなる離婚は、男性の寿命をおよそ十年縮め、女性の寿命も約五年縮める。できるだけ早く再婚したほうが長生きできる傾向も認められている。

離婚の影響は、当事者である親のみならず、子どもにも及ぶ。両親が離婚した場合、子どもの平均余命は約五年縮む。独身でいることも、寿命にはマイナスだ。ことに男性には影響が大きく、平均余命が九年七カ月も縮んでしまう。逆に子どもをもつことは、親の死亡率を下げることもわかっている。ここに述べた数字は、アメリカで行われた八十年にわたる寿命研究の結論である（Friedman & Martin, "The Longevity Project", 2011)。

また、神経過敏で、イライラしたり攻撃的になりやすい傾向は死亡率を高める要因になることも知られている。肺ガンの発症年齢を調査した研究（Augustine et al.,

"Personality Predictors of the Time Course for Lung Cancer Onset", 2008）によると、攻撃性や敵意が強く、ことに言葉の暴力がひどい人は、早く肺ガンを発症しやすいことが報告されている。また、人間アレルギーの人に見られやすい破局的思考も、死亡率を上げる要因となる。

健康や長寿にとりわけ関心の深い現代人の前に、人間アレルギーという壁がいま立ちはだかっているのである。

根本原因は「過剰な異物認識」

人間アレルギーは、必要以上に他者を異物とみなしてしまうところから始まる。ゆえにまず、行き過ぎた認識（原因）をどう変えるかを考えなければならない。激しいアレルギー反応（結果）ばかりに目を奪われ、対症療法を講じようとしたところで、川の下流を堰《せ》き止めようとするようなもので、決壊して押し流されるのが落ちだ。

ただし、認識だけを変えようとしても、なかなかうまくいかない。頭ではわかっているが、体が勝手に反応し、相手に対するどうしようもない拒否感が湧《わ》き起こってくると、気持ちや行動がコントロールできなくなってしまうのが普通である。

そこで重要になってくるのが、人間アレルギーを抑えるもう一つの仕組みである。人間には、過剰な異物排除を抑え、また身内を異物とみなさないための仕組みが備わっている。「愛着」である。この働きが弱まり、失われることで、人間アレルギーが強まっていることも多い。この働きを強化したり、うまく活用すれば、人間アレルギーを和らげることができるのではないか。

過剰な異物認識と人間アレルギーを抑える仕組みに分けて、対処を考えたい。

I　過剰な異物認識を変える

分解して消化する

まず異物としての過剰な認識をどのように修正するかについて、みていこう。基本は、異物を分解する作業である。体のアレルギーでも同じようなことがみられるので、それについて説明することから始めよう。

一度アレルギーになると終生アレルギーが続くかというと、そうとも限らない。アレルギーには克服できるものもある。

たとえば、食物アレルギーだ。乳児期に最も多くみられるが、その後次第に減っていき、たとえアレルギーの素因は残ったままでも、症状は起きなくなる。胃腸の消化機能が発達し、食物を分解する力が増して、アレルギーの原因となるタンパク質などを細かく砕けるようになるためだ。アレルギーというのは、ある程度大きな分子量をもつ異物に対してしか生じない。大きいといっても、ウイルスや細菌も大きいとされるレベルである。しかし、たとえば、食塩や水の分子はもちろん、アミノ酸やコレステロールでさえ、小さすぎてアレルギーの対象にはならない。タンパク質は巨大な分子だが、消化されるとアミノ酸に分解され、もはやアレルゲンとはならなくなる。消化機能が十分な発達を遂げる四歳頃には、食物アレルギーが収まっていくことが多い。厳密に言えば、アレルギーは残っているが、アレルゲンとして認識された物質は腸までたどり着く前に分解され抗原性を失うので、何も起こらなくなるのだ。

このことは、人間アレルギーの場合にも当てはまる。

精神的な消化能力が未熟な間は、他者の言動は、そのままの形で心の奥にまで届いてしまい、異物反応を引き起こしかねない。しかし、分析し理解する能力が高まると、言動を分解し、毒性を失わせることで、栄養として採り入れることさえできる。

あなたが苦手とする人の異物性（抗原性）は、もとはと言えば、その人の言動によって傷や苦痛を与えられたことで起きている。それが繰り返された結果、相手の人格に対してまでも拒否反応が起きている。ならば、発端となった不快で苦痛な体験の一つ一つを咀嚼《そしゃく》し、害がないレベルにまで分解してしまえばいい。

心には自己回復の仕組みがある

人の心は、自然免疫《めんえき》のように、自己回復の仕組みを備えている。心による分解・消化の第一段階は、睡眠や夢である。眠り、夢を見ることで、心は、日中にこうむったダメージを修復しようとする。傷ついた体験も、ひと眠りすれば少し和らいで感じられるだろう。深く強いダメージの場合、一晩眠っただけでは分解することができないかもしれない。幾晩も幾晩も同じ夢を見てうなされることもある。それもまた、大きな傷をどうにか克服しようと試みている結果である。何年も、ときには、何十年もかかって、ようやく消化し終えることもある。

それゆえ、眠りや夢は大切である。まずは十分に睡眠をとることだ。

また、忘れることも重要な心の自然免疫だ。とはいえ、人は往々にして、忘れたくても忘れられないような打撃を受けてしまう。間髪容《い》れずに責められ続けたりすれば、忘れるどころか、一層過敏になっていく。あまりにも打撃が大きいときや、うつなどで精神的に病むとき、われわれは考えるのをやめられなくなってしまう。傷つけられたことを四六時中考え、みるみる心は疲弊し、衰弱していく。

そんなときでも人は回復の手段をもっている。感情を表現し、言語化することによって分解・消化の過程を推し進めていくのだ。これらは、驚くほど強力な回復手段なのである。

第一段階は、感情や気持ちをぶちまけることである。泣き、怒り、悔しがり、抗議し、嘆くことである。まわりに適切な人がいなければ、カウンセラーや精神科医でもいい。一人孤独に嘆き、悔しがるよりも、誰かがそばにいて、一緒に受け止めてくれたほうが、その苦難を乗り越えやすい。

第二段階は、何が起きたかを語ることだ。理不尽で、納得できないと感じた出来事を人に語り、その体験を一部でも共有してもらうとともに、言葉にすることによって、起きた出来事を客観的なものとして再現するのだ。

言葉となった体験は、もはや直接にその人を脅《おびや》かすことなく、何度でも語ることができ、つらい体験を乗り越えていく重要な手立てとなる。それは、夢を見る行為と非常に似ている。どんな怖い夢も、直接、その人の生命や安全を脅かすことはない。自分を傷つけた出来事を、映画を見るような感覚で再体験し、向き合う冷静さを取り戻していくのだ。

その先には、もう一つのプロセスが存在する。ダメージを与え、脅威となった体験やそれによって生じた心の傷に対して、新たな意味づけを行うのだ。ダメージを負わせた存在やその行為が何であったかについて、解釈やネーミングを与えるのも、その一つだ。自分が受けた体験は一体何だったのか。その理解は、体験によって生じる破壊的な作用を食い止めることにつながる。

上司からの理不尽な要求や人格攻撃をパワハラやセクハラという名前のもとに理解することは、自分の状況に確固とした見立てを与え、混乱したり自分を責めたりするのを防ぐのだ。ただ、こうしたマクロなとらえ方は、分解のレベルでいうとまだ途中の段階であり、その抗原性をすっかり分解するまでには至らない。

人間アレルギーを克服して、安定した信頼関係を取り戻すためには、異物のさらなる分解と無害化が必要なのである。

まず延焼を止める

われわれ人間は、言語化して概念的操作を行う能力をもつ。自分に脅威となる人の言動やその背後の人格を俎上《そじょう》に載せ、言葉という鋭利な刃物によって、小さく刻み、消化しやすくすることができる。

批判や非難をするというだけでは、まだ異物性が残っている。つまり分解が不十分なのだ。もっと細かく分解する作業を進めていけば、異物性は薄れていき、より害の少ない構成要素に砕かれていく。そこまで分解が進めば、感情的な怒りを催さなくなり、受け入れることさえ可能になっていく。異物の部分が残ったにしろ、それは全体のごく一部となり、抗原量が減ることによってアレルギーは薄らいでいく。

分解のプロセスには何段階かあるが、まず、アレルギーの本体部分とそれが飛び火するなどして過剰に拡大した部分を切り分けることだ。

人間アレルギーが、そのダメージを広げていくのは、アレルギーがもつ拡大・波及作用によるところが大きい。もともとアレルギーが起きているのは、相手の一部分の特性や行動に対してである。それが次々と延焼して燃え広がっていくのだ。

その人の一部であるというだけで、まったく無害な特性や愛すべき点までもが、嫌《けん》悪《お》と拒絶の対象となる。結果として、その人の存在全体が憎しみの対象となり、攻撃と排除を招く。さらには、その人と関係するものやその人を連想させるものに対してまで、不快さや拒否感を催す。その気分を引きずることで、まったく無関係な他の人に対しても怒りや攻撃を向けてしまう。ときには自分の助けになってくれようとしている人に対してまでも。

火災と同様、火元の火事以上に、無関係な部分への延焼が被害を拡大する。人間アレルギーの克服でも、過剰反応をいかに食い止めるかが重要になってくる。

延焼防止①　事実と推測を区別する

人間の否定的な考えの大部分は事実ではなく、事実から飛躍した推測である。人間アレルギーの人は、ささいなサインや兆候をすべて悪いほうに解釈し、事実とはかけ離れた思い込みを作り上げる。

【私にばかり冷たい】

会社員の杏夏《きょうか》さん（仮名）が、最近、上司の態度にいらだっている。直接のきっかけは、仕事で注意されたことだ。ささいなミスなのに、みんなの前で言われたので、ちょっとショックだった。以来、自分にばかり厳しい目を向けられているように感じ、また何か言われるのではないかと身構えるようになった。以前は優しくて頼りになる上司と思っていたのだが、新人の女性が入ってきた頃から、その人にばかり親切にしているようだ。自分のほうを見るときには、難しい顔をして、面倒くさそうにする。必要ないので早く辞めてほしいのか。「私に辞めてほしいのなら、はっきり言ってください」と、よほど言ってやりたいと思う。

このケースの場合、事実の部分は、仕事上のミスを上司に一度注意されたこと、新人社員が最近入ってきたことの二つである。自分にばかり厳しい目を向けているとか、新人社員ばかりが可愛《かわい》がられて、自分に辞めてほしいと思っているといった部分は、杏夏さんの推測である。

事実と推測を腑分《ふわ》けするには、気になっていることがどれだけ客観的な妥当性をもつかを検討してみればいい。

杏夏さんに、上司は他の人にも注意することはないのかと尋ねると、「よく叱《しか》られている男性の若手社員がいるが、その人は男性だし、自分は今まで滅多に叱られることがなかったのだ」と説明する。また、杏夏さんが新人の頃はあまり親切にしてもらえなかったのかと聞くと、「とても親切に教えてもらえた」との答えだ。

つまり、杏夏さんは、最近入ってきた新人の女性と同じように可愛がられていたし、滅多に注意されることもなかったということになる。

もし杏夏さんが今の仕事を辞めるとして、今やっている仕事を他の人が簡単に引き継げるかを訊《たず》ねると、「慣れるのに、最低半年はかかると思う」という。「だとすると、あなたが急に辞めたら、上司は困りませんか？　それでも、あなたを辞めさせたいと思っていると思いますか？」と訊ねると、ようやく杏夏さんは自分の心配が行き過ぎだったことに気がついた。

表情や態度や雰囲気は、〝事実〟と錯覚しやすい。「冷たい表情をしていた」とか、「怒っているようだった」といった観察は、まるで事実のように考えられがちだ。しかし、そこには多分に推測が含まれる。近年の研究で、表情の認知は、かなり当てにならないものだとわかってきた。さまざまな表情を浮かべた写真を見せて、表情が表している感情を判定する検査を行うと、意外なほど多くの人が正確には読み取れない。人間アレルギーがある人は、人の表情を悪いほうに解釈してしまいやすい。対人恐怖や自己否定の強い人、虐待を受けた人は、相手がふつうの顔をしていても、怒っていると読み違えてしまいやすい。

表情という比較的判別しやすいものでも、このありさまである。ましてや態度や雰囲気となると、推測はあまり当てにならないと思ったほうが良い。事実と推測を分離したうえで、推測の部分については、「しょせん、推測だ。事実かどうかわからない。悪く考えて、悩むのはやめておこう」と、繰り返し自分に言い聞かせることだ。

延焼防止② 恣意的な関連付けや一般化を止める

思い込みによる拡大解釈は、人間アレルギーの拡大をあおってしまう。しばしば無関係なことまで恣《し》意的に関係づけ、そこに悪意を感じ取り、敵意を燃やすケースは多い。みんなが寄ってたかって自分を追い詰めようとしていると感じてしまう。たった一度か二度しか起きていないことを、いつも起きているように思って、永久に悪いことが続くと考えてしまう。単なる偶然に過ぎない出来事を、一般化して解釈してしまう。

【呪われた人生】

侑子さん（仮名）は、四十代の女性社員。社内に苦手な人が何人かいて、トイレに行くときも、できるだけ顔を合わさないよう、周囲をうかがうのが常だった。ところが、その日は、一番苦手な男性社員と廊下ですれ違ったうえに、トイレから出ようとしたとき、口が悪いことで有名な女性社員にも、ばったり出くわしてしまった。ぎこちなく会釈《えしゃく》をしたが、どう思われただろうか。今ごろ自分の悪口を言っているに違いない。よりによって二人にも出くわしてしまうのは最悪だ。自分の人生は呪《のろ》われているのではないかとさえ思ってしまう。

このケースの場合も、事実と推測が混同され、悪い推測を事実のようにみなして、自分で自分を苦しめている。また、偶然の出来事に特別な意味があるようにみなし、自分の人生全体が「呪われている」と思うところまで過度に一般化してしまう。そうした思考パターンが人間アレルギーを助長し、他者との関係を難しくしている。

【幻の敵】

三十代の会社員紀正《のりまさ》さん（仮名）が、プロジェクトのチームリーダーに抜擢《ばってき》された。仕事が深夜にまで及ぶこともしばしばだが、張り切っていた。だが、自分より年配のAさんがあまり協力的でなく、やりにくい。どうやら自分の仕事の進め方にも不満があるようだが、どう話をすればいいのかわからない。Aさんに対してストレスを感じるようになっていた。

そんな矢先、週末にチームの何人かで飲みに行ったことを知った。自分には声がかかっていなかったのでショックを受けた。チームのために頑張っていたのに、みんなは仲間とさえ思ってくれていないのか。

それから、何となく会社に行くのが、気が重くなった。自分のやり方に、Aさん以外の人も不満をもっているのだろうかと考えてしまう。みんなの目つきや顔色が気になって、おどおどしてしまう。同僚の不満げな顔をみると、仕事を振るのを遠慮してしまい、自分で抱え込んでいるうちに、紀正さんはとうとう会社に行けなくなってしまった。

このケースの場合も、チームに一人年配の人がいて、リーダーとしてやりにくいという事実と、飲み会に誘われなかったという事実から、自分がチームの中で孤立し、リーダーとして認めてもらえていないという結論を導き出してしまった。そして、周囲の人を敵と思い込み、自分を追い込んでしまった。

だが、事実はまったく違った。Aさんには末期ガンで闘病中の妻がいて、実際、まもなく亡《な》くなってしまうことになる。彼が協力的でないように見えたのは、そのことに気を取られていたためだった。他の同僚たちも、紀正さんのやり方に特別不満があったわけではない。飲み会に誘わなかったのも忙しそうだったからで、他意はなかったようだ。

紀正さんは、まったく無関係な事実を恣意的に関係づけ、自分の恐れていることを裏付ける〝事実〟として解釈してしまったのだ。自分にはそうとしか解釈できないような事態であっても、実際はまったく違っていることは多いのである。

チーム内に気楽に話ができる人が一人でもいれば、状況をもっと正確に把握できただろう。ところが、人間アレルギーの人は、孤立の気配を感じると、周囲に助けを求めようとするどころか、ますます内にこもって、外界とのつながりを切ろうとしてしまう。どうせ周囲は敵ばかりなので、助けを求めるのはよけい危険だし、良くて笑いものになるだけだと考えてしまうのだ。

事実ではなく自分だけの推測に頼る結果、事態を曲解して受け止め、間違った判断をしてしまいやすいのである。

延焼防止③　周囲の目は案外ゆるいと知る

他者を異物とみなしてしまう要因として、神経が過敏な傾向がある。多くの人にってはさほど不快には感じられない刺激も、苦痛に感じられるのだ。そのためよけいに傷を受けやすいし、また他人と一緒にいること自体がストレスや疲労の原因となるので、いつのまにかそれを苦痛に感じ、人間アレルギーに至ってしまう。

人間アレルギーの治療に薬が効果を発揮するのは、こうしたメカニズムがあるためである。少量の安定剤を適切に用いると、症状が劇的に改善し、行動しやすくなるだけでなく、対人関係もスムーズになるという例がしばしばみられる。ただし、依存性のある抗不安薬などは、過敏性に根本的な効果がないばかりか、薬だけに依存する危険があるため注意が必要だ。

神経過敏の傾向は、もう一つの問題を生む。周囲の視線や声といったものにも敏感になり、それを必要以上に自分に結びつけてしまうのだ。いわゆる「自意識過剰」の状態だ。こうした自己関係付けの亢進《こうしん》した状態では、視線も声もすべてが自分に集中的に向かってくるように思われ、攻撃されたり、嘲笑《あざわら》われたりしていると否定的に受け取ってしまいやすい。

実際には、本人が過敏なために、周囲から向けられた意味のない視線まで「睨《にら》まれた」と感じ、ありもしない敵意を意識してしまっているのであり、自分自身の作り出した幻影と戦っているのである。絶えず監視や攻撃にさらされていると感じていれば、それは大きなストレスになるばかりか、自分を守ろうとして、反撃（実際には先制攻撃）しようとしかねない。

こうした悪循環を断ち切るためには、自分に周囲の目が向けられているという自己関係付けを抑える必要がある。有効なのは、「人はこっちが気にしているほど、私のことなんか気にしていない」と自分に言い聞かせることである。人は、自分がどう思われているかは心配しても、自分以外の人のことなど気にしてはいられないのが世の現実なのだ。

異物の「本体」を絞り込んでいく

推測や恣意的な関係付けを取り去っていき、事実だけに絞り込めたら、事実の中でも、直接に害をなす部分と、さほど害のない部分を切り分けて、本当に困る部分は何かを明確にしていく。

たとえば、上司のことがだんだんと嫌になってきて、人間アレルギーが始まりかけているとしよう。このまま曖昧《あいまい》に放置すると、上司に対する人間アレルギーはいずれ全般化して、上司のすべてが許せなくなるだろう。そうなると、一緒に仕事をすることは大きなストレスとなり、互いの関係もますますぎくしゃくしてしまう。さらに、人間全般への不信や自信の喪失、人生への絶望と、どんどん拡大・悪化していく。

それを防ぐためには、どうしても許容できない点と、まだ許容できる部分や良い点とを区別し、何に違和感があるのかを明確にすることが有効である。

まず、上司の言動や行動を記録してみる。それを振り返りながら、どうしても許せない点、なんとか許容できる点、良い点に分けてみるのだ。

【保身を優先する上司】

上司との確執が原因で、無気力や絶望感、強い人間不信などの状態に陥っていた邦章さん（仮名）が、少しうつが回復傾向になったときに、上司について振り返った結果は次の通りである。

・良い点
基本は穏やかで、怒鳴ったり感情的になったりすることは滅多にない。
・何とか許容できる点
利己的で、自分だけ楽をして平気。感情の機微に鈍感で、無神経な物言いをする。小心で、用心深く、何よりも保身を優先する。
・どうしても許せない点
自分はろくに仕事をしないのに、部下の仕事には口出しする。

邦章さんは、自分が取り組もうとしたプロジェクトを、上司の手でつぶされてしまっていた。上司が単に楽をしたり、保身を優先したりするだけであれば、やり過ごすこともできた。しかし、自分が心血をそそいで取り組んでいたプロジェクトが、上司の小心さや嫉妬《しっと》心のために潰《つぶ》されるという事態に及んで、もはや許せないと感じたのだ。会社の発展と保身。最も優先する価値観の決定的な違いが、相手を異物と感じさせ、強い人間アレルギーを引き起こすに至ったのである。

邦章さんはそう振り返る中で、自分がすべてに絶望し、人間不信にさえ陥っていたのは過剰反応であり、上司のせせこましい料簡《りょうけん》が許せなかっただけだと気が付いた。そして、妥協できなかったのは自分が自分であるうえで必然的な反応だったと納得できたのである。

彼は、もはやこの上司のもとでは働けないという結論に達し、うまく折り合いがつけられない自分はダメなのではという気持ちからも解放された。自ら異動を願い出て、新天地で仕事をする方向に気持ちを切り替えると、みるみる元気を回復していった。


このケースのように、人間アレルギーが、その人本来の生き方が脅かされているがゆえの警告として起きている面もある。その場合は、ただ我慢し、妥協すればいいというものではない。むしろ、もっと適した環境やパートナーを探したほうがいい場合もある。

過剰反応による全般化は食い止めなければならないが、中核の部分で起きている拒絶反応については、その警告に耳を傾け、メッセージを読み解く必要がある。

過去の亡霊を疑う

異物の本体を絞り込んだら、過去に似たような経験がないか、振り返ってみよう。すでに人間アレルギーが潜在している場合、同じ抗原性をもつ人に遭遇すると、人間アレルギーが賦活《ふかつ》されることがある。先に述べたブースター効果により、接触期間が短くても、強い拒否反応が出てしまいやすい。

家族や身近な大人、朋輩《ほうばい》などに、苦手な人がいなかったかを振り返ることで、人間アレルギーの由来をある程度たどることができる。どういう点が抗原性を発揮し、苦痛をもたらしているのかを理解できれば、さらに原因を絞り込める。

たとえば、上司との確執でうつになった邦章さんの場合、母親はとても受容的だが、父親はアルコールに依存気味で、横暴なうえに、ろくに仕事をせず、母親が苦労して学費も用意してくれたという背景があった。もちろん、父親に対しては否定的な気持ちが強く、母親や自分を理不尽に苦しめた存在と感じていた。

上司のことを振り返った邦章さんは、こちらから問う前に、「父親に共通する点が多いことに気がついた」と語った。いつも父親に対して、「ろくに働きもしないのに文句ばかり言って」と反発を抱いていたという。

邦章さんは父親を反面教師にして刻苦勉励し、一流企業に就職を果たしたのだった。そういう生き方をしてきた彼の前に、再び父親の亡霊のような存在が立ちはだかったとき、彼は相手が上司であることも忘れてぶつかってしまったのである。

過去に見捨てられた体験や虐待された体験を抱え、その仕打ちを行った存在に対する人間アレルギーが潜在する人は、似たような状況に遭遇しただけで、人間アレルギーのスイッチが入ってしまいやすい。

そうした心の仕組みを理解すれば、無意識のうちに過去の亡霊に操られるリスクを減らせるはずだ。

相手の事情を理解できると

暴力をふるう夫を異物だと感じているとしよう。夫の暴力が強い反発と嫌悪を引き起こし、アレルギー反応が起きている。そうした夫を「DV亭主」とラベリングして非難したりするだけでは、根本の問題は解決しない。

DVの加害者は、しばしば自分自身も虐待を受けて育っている。人間アレルギーを抱え、過去の亡霊に振り回されていることも多い。妻が「DV亭主」を拒否することは、人間アレルギーに人間アレルギーで対抗するというだけのことである。両者が心から歩み寄ることは難しく、関係を終わりにする方向に向かうしかない。

もう一度関係を築きなおそうとする場合や、子どもがいて離婚したとしても関係を持ち続けなければならない場合、本当に必要なのは、加害者が抱えている人間アレルギーを理解し、改善することである。夫がそうした行動をとる背景を把握できれば、夫は「DV亭主」というアレルゲンからさらに細かい成分に分解され、もはや感情的な拒絶反応の対象ではなくなっていく。しばしば被害者も人間アレルギーを抱え、相互に反応しあった結果がDVとなって表れているという場合も少なくない。ゆえに、夫婦ともに協力して治療しようという意志がある場合、改善は比較的容易である。一方、自分は被害者だという視点にとらわれ、一方だけが努力すべき問題ととらえてしまうと行き詰ってしまう。

DVに限らず、人間アレルギーの対象となっている人物やその行為の背景について理解できれば、より大きな視点で自分の身に起きたことを受け止められるようになるだろう。嫌な思いをしたうえに、そんな面倒なことまでしたくないと思うかもしれないが、背景を理解したほうが自分自身もずっと楽になれるのである。

生涯の伴侶《はんりょ》であり続けようとするなら、自分たちが抱える本当の問題に向き合い、その克服に挑んでほしい。試練を乗り越えることによって、新たな価値や意味に気づく人もいるだろう。与えられたピンチをチャンスに変えるという逆転の奇跡も起こるのである。

カギを握る二つの力

人間アレルギーを防ぎ、また克服していくのには、二つの能力がカギを握る。

一つは共感性である。単に相手に同調するのではなく、相手の立場に立って気持ちを汲《く》みとる能力だ。共感性が弱いと、相手の事情や気持ちを察しにくく、自分の都合や不利益ばかりが心をとらえてしまう。

もう一つは、自己省察力である。自分を振り返ることで、一見相手の問題にみえることも、自分の問題として考えることができる。それが、行動の修正につながり、円滑な人間関係にも寄与する。自己省察力が弱ければ、相手から非を指摘されると、自分への攻撃だと受け止めてしまう。攻撃する者は敵だとみなし、やり返そうとして反論したり、逆ギレしたりする。素直に反省できないので、行動の修正も起こりにくく、摩擦だけが増える。

相手は、良かれと思ってアドバイスしただけかもしれないし、かなり我慢した挙げ句、耐えきれなくなって、是正を求めているのかもしれない。相手の言葉を前向きに受け止め、行動を変化させれば、相手からの信頼も増して、もっとバランスのいい、長続きする関係へと高めていけるだろう。

自分を振り返って考えてみてほしい。

何か思いに反することが起きたとき、あなたは相手の立場に立って考えるほうだろうか。それとも、相手がそうくるのなら同じ目に遭わせてやると思ってしまうほうだろうか。

非を指摘されたとき、素直に受け入れて、自らを改めようとするほうだろうか。それとも、よく知りもしない癖によけいなことを言ってと、怒りで反応してしまうほうだろうか。

あなたは、どちらだろうか。

もし後者だとしたら、共感性や自己省察力の弱さが人間アレルギーを起こしやすくし、無用の摩擦を生む原因になっているかもしれない。

共感性と自己省察力は車の両輪のように結びついている。脳内の仕組みでみても、二つの働きを担《にな》う脳の領域は隣接しており、両者は神経線維のネットワークによって密接に連絡している。それによって機能的な連合体を形作っている。

実際、二つの能力の高さには、パラレルな関係があることが知られている。共感性が高く、相手の立場を配慮することができる人は、自身を振り返ることにも長《た》けている。逆に、共感性が弱いと、自己省察力も弱い。そのため、不快な体験がよけいに相手からの攻撃のように感じられてしまうのだ。不快な体験をしたとき、自分の主張や思いにしがみついて、強情に変化を拒んでしまう。そして、他人というのは厭《いや》なものだ、当てにならないものだ、油断のならない敵だと心に言い聞かせ、人間アレルギーをますます強めてしまう。

しかし、同じ体験をしてもそれほど傷つかず、相手との信頼関係を深めていくこともできる。そのカギを握るのが、相手の立場を思いやり、自分を振り返る力なのである。言い換えるならば、素直で優しい心をもつということだろう。

人間アレルギーを克服するためには、自分を振り返るとともに、相手の事情や心中を、相手の立場で考える習慣を日ごろからつけることである。それを効果的に実践するには、書いて整理する作業が役に立つだろう。また、誰かに聞き手になってもらい、対話しながら整理することも有用な方法である。

誰とでもうまくやろうとしない

アレルギーは、我慢すればよくなるものではない。我慢すればするほど、事態が悪化していくのが通例だ。花粉症になってからも花粉を浴び続ければ、症状が重症化し、日常生活も困難になってしまう。

花粉症になった場合、花粉に接触しないのが一番てっとり早い対処法であるのと同じように、人間アレルギーになった場合も、アレルゲンとなっている人との接触を減らすことが、改善に結びつく。距離をとるのが基本なので、同じ部署の同僚や部下、上司に対して人間アレルギーになった場合には、そのことを早めにアピールして、配置転換なり異動なりが行われるように働きかけた方が良い。

大切なのは、今起きている拒絶反応が、自分の過敏さや過剰反応によるものなのか、それとも本質的な価値観にかかわるものなのかを見極めることだ。過敏さや過剰反応によるものであれば、また相手が変わっても同じことが起きてしまうので、むしろその点を克服することが必要になる。しかし、本質的な価値観や生き方の面で相容れず、拒絶反応が起きているのであれば、我慢すべきではなく、距離をとる方策を考えた方がよい。

Ⅱ 人間アレルギーを抑える仕組みを賦活する

愛着を安定化する

ここまでは、異物としての過剰な認識を修正する方法について述べてきた。この章の冒頭で述べたように、人間アレルギーの克服には別のアプローチも有効だ。人間アレルギーを抑える仕組みを賦活するという方法である。

人間アレルギーを抑える仕組みとは、愛着にほかならない。言い換えれば、愛着を安定化することで、人間アレルギーを和らげるのである。近年、筆者は、こちらのほうに着目して、実際の臨床でも注力している。

では、どうすれば、愛着を安定化することができるのだろうか。その場合にカギとなるのは「安全基地」の回復である。愛着が安定しているとき、その存在は安全基地として機能している。安全基地とは、その人の安全を脅かさず、求めたら手を差し伸べてくれる優しい母親のような存在だ。ここでポイントとなるのは、「優しさ」である。愛着を担うオキシトシン・システムを活性化するのは、厳しさや攻撃ではなく、優しさや世話によってだからである。

人間アレルギーが始まると、厳しさや攻撃ばかりがつのり、事態を悪化させる。しかし、「優しさ」を取り戻すことができるようなきっかけがあると、実は、この悪循環を逆転させることが可能なのである。たとえば、第三章に登場した「困った新人」のケースだが、その女性の人間アレルギーが極点にまで達してしまったかと思われたとき、彼女自身が勤務先で体調を悪くするという事態が起きた。そのとき、彼女のことを気遣い、優しく世話をしてくれたのが、問題の新人だったのである。それ以来、その新人に対する拒否感は消え、良好な関係に戻れたのである。

もっとこじれた深刻なケースでも、この仕組みをうまく使うと、人間アレルギーを改善することが可能だ。その一例として筆者が行っている方法を紹介しよう。

人間アレルギーを起こしている人は、心が傷つけられ、心の表面がささくれ立っているような状態だ。そんなときには、誰に対しても異物感が広がって、摩擦や衝突が増える。たとえば、職場での問題のように見えても、実は、支えてくれるはずの親とも、パートナーとも、しっくりいっていないということも多い。

そこでどうするか。筆者は、困っている本人と信頼関係を作ると同時に、支え役が期待される人に協力を求め、その人とも信頼関係を作っていく。そのうえで、本人の気持ちを代弁し、本人が本音で何を求めているのかを伝える。周囲の人は表面に出ている態度とか言動を額面通りに受け取り、本音が見えていないことがほとんどである。そのため、支えになってくれるはずの人も、まったく逆に受け止めてしまっていることも多い。本音を知ってもらったうえで、かかわり方を指導するのである。

すると、驚くべき変化が起きる。支え手との関係がよくなるだけでなく、他の人との関係や、情緒、行動の面でも、みるみる改善していくことが多い。劇的に良くなるケースも少なくない。支え手となる人が、本人の本音を知り、本気でかかわり方を変えると、今までのことが何だったのかと思うほど、変わっていくのである。

まずやるべきは支え手に協力を求めること。これが、愛着の安定化をはかるうえでの小さな足場となる。治療者が支え手と信頼関係を作り、支え手が「安全基地」として機能するためには、どうしたらよいかをアドバイスする。安全基地を手に入れると、愛着が安定する。その結果、人間アレルギーを抑える仕組みが賦活され、それまでさいなことに対しても異物反応を起こしていたのが、寛容さを回復し始める。小さなことにはカリカリせずに、大目にみることができるようになる。過敏さが薄れるので、傷つくことも減る。

こうして人間アレルギー全般が軽減し、摩擦やトラブルが減っていく。その変化を周囲も歓迎し、肯定的に評価されたり、受け入れられたりすることで、好循環が生まれる。その影響は、対人関係だけでなく、生活全般のレベルアップや気持ちの安定、自己肯定感の回復にも及んでいく。

これは、机上の空論ではなく、現実に起きる変化なのである。


【忌み嫌ったはずの親だったが】


友佳梨《ゆかり》さん（仮名）は、親から受けた心の傷にとらわれていた。この親とわかり合うのは無理だと悟り、二十代の終わりから十年ほどは、親元を離れて暮らしていた。しかし、父親が病気で倒れ、和解できないまま死に別れてしまうのかと思うと、急に心細くなった。そこで一大決心をして、親元に戻ったのである。

しかし、その決断が大失敗だったことを、すぐに思い知る。離れている間は少し冷静に考えられていた親との関係だったが、毎日一緒に暮らすようになると、忘れかけていた違和感や苦しさがみるみる蘇《よみがえ》ってきたのだ。

親の鈍感さや、すぐに否定的な言い方をするさまを見ると、過去の嫌な体験が次々とフラッシュバックし、友佳梨さんの心をかきむしるようになった。友佳梨さんは、なぜあのときあんなことをしたのかと母親を問い詰め、問い詰められた母親は、なぜわが子にそんなことを言われなければならないのかと立腹する。そのときはそのときの事情があったのだとか、昔のことを穿《ほじく》り返しても仕方がないとしか答えない母親に、友佳梨さんはますます攻撃的になった。

結局、友佳梨さんが親との関係をある程度乗り越えられていると思ったのは、距離をとったことにより、アレルゲンへの接触が減った結果でしかなかったのだ。再び同居することによって、親への人間アレルギーが再燃したのである。しかも、ブースター効果により、ごく短期間のうちに激しい拒絶反応を起こすことになった。

友佳梨さんは、カウンセリングにやってくるたびに、親に対する否定的な思いをぶちまけた。親がどんなふうに自分の思いを踏みにじってきたかを語り続けた。自分の人生が親によってすっかりダメにされてしまったと、やり場のない怒りを語るかと思えば、親のすることなすことが気に入らず、嫌悪感を込めて、その行動の一つ一つを非難した。まさに忌《い》み嫌うと言っていいほどの状態になっていたのである。

だが、その憎しみは、親の愛を求めているがゆえのものであるのも、明らかだった。求めているのに、期待外れの反応しか返ってこないことに対する憤《いきどお》りだったのである。そうした精神状態で物事がうまくいくはずもなく、友佳梨さんはますますいらだちを募らせていた。

その局面を打開するために、母親の協力を求めた。母親も娘にどう対応していいかわからず困っていた。娘とぎくしゃくする状況を、何とかしたいとの思いをもっていたのだ。そこで、母親に、友佳梨さんがどういう思いで実家に戻ってきたかを、代弁して伝えた。母親は、娘の本音を聞きながら涙を流し、「確かに、厳しくしすぎたかもしれません」と振り返った。「本当は優しい子なんです。私もわかってるんです」「でも、つい本人の責め口調に反応してしまうんです」と言った。対応の仕方をアドバイスすると、熱心に耳を傾けてくれた。

それから数日後、今度は友佳梨さんがやってきた。まるで別人のように穏やかで、その顔から憑《つ》きものが取れたように険がなくなっていた。「初めて親とうまくいっている」という言葉が聞かれた。「母親と家事をするのが楽しい」とも言った。

その後友佳梨さんは、「親の問題はもう乗り越えられた気がする。親にされたことも、今は何とも思っていない。それよりも、これからのことを考えていきたい」と語るようになった。激烈な拒否反応も、その根底に求める気持ちがあったがゆえであり、うまく媒介することができれば、修復はそれほど困難ではない。そして、愛着が修復され、安全基地を手に入れたとき、人は放っておいても前に進もうとする。

求めるがゆえのすれ違い

同様のことは、親子関係だけでなく、夫婦やパートナーとの関係でも、よくみられる。求めるがゆえに、頑《かたく》なまでに拒否してしまうということも起きる。ボタンの掛け違いに気付かないまま、永久に離れ離れになってしまう人たちも、数多くいるに違いない。

【頑なに拒絶し続ける夫】

絵美子さん（仮名）が司法試験浪人中の琢磨《たくま》さん（仮名）と出会ったのは、三十六歳のときのことだった。前の結婚に失敗した経験があり、恋愛には臆病《おくびょう》になっていたが、琢磨さんは八歳も年下。恋愛の対象ではないと高をくくって弟に接するようにに相談相手になるうち、琢磨さんは絵美子さんを慕うようになり、また絵美子さんも琢磨さんの純粋なところに惹かれ、いつしか離れがたい関係になった。絵美子さんは、半ば同棲《どうせい》して、琢磨さんを支えた。

それから二年後、琢磨さんは難関を突破し、念願の弁護士になる。ずっとその日を願ってきた絵美子さんだったが、琢磨さんが合格した今、胸中には、あらたな不安が兆《きざ》していた。八歳年上の自分は、洋々たる未来が開けた琢磨さんの足手まといになるのではないのか。彼が重荷に感じるのなら、いまが別れる潮時ではないのか。「私、これから、どうしたらいいのかな?」と投げかけた言葉への答えは、「一緒になろう」だった。琢磨さんは、反対する両親を説き伏せて、半ば渋々ではあったが賛同を取り付け、二人はゴールインしたのである。

だが、その後の生活も決して安泰なものではなかった。琢磨さんの仕事ぶりは誠実かつ熱心で、依頼人からは信頼が厚かったが、同僚や上司からはやりすぎだと疎《うと》まれるところがあった。真《ま》っ直《す》ぐすぎて妥協できない性格のため、弁護士事務所の方針ともしばしばぶつかることがあった。そんなときも、絵美子さんは夫に寄り添い、世知に疎い夫にアドバイスをして、立ち回り方を指南したのだ。その甲斐《かい》あって、何度かの転職の後、二人はようやく落ち着いた暮らしを営めるようになった。購入した自宅のリビングで、夫とワインを飲みながら語り合うのが何よりの楽しみだった。

絵美子さんの父親が脳梗塞《のうこうそく》で倒れたのは、そんな矢先のことだった。幸い一命は取り留めたものの、介護が必要な体になってしまった。母親一人に任せておけず、週のうち半分以上は関西の実家で過ごすことになる。それまで夫に付きっ切りで世話をしていたのが、半ばほったらかしとなってしまった。

最初は実家と自宅をまめに行き来していたが、父親の状態が安定せず、ほとんど実家で過ごすようになってしまった。それでも、琢磨さんは別段不平も言わず、協力してくれていた。朝晩必ず電話があって言葉を交わしていたので、気持ちが離れているような気配は感じなかった。

そんな生活が一年以上過ぎたとき、琢磨さんから電話で思いがけない話を切りだされた。「サプライズだよ」。その声はいつになく弾んでいたので、何事かと思っていると、琢磨さんは、大阪の弁護士事務所に移ろうと思うと言い出したのだ。

苦労してやっとうまくいくようになった仕事を投げ出そうとしている夫のやり方に危うさを感じて、絵美子さんは咄嗟《とっさ》に、「何を言ってるの。弁護士会の登録替えの手続きだけでも大変だって言うじゃないの」と声高に切り返してしまった。

琢磨さんにしてみれば、妻のためにと考え尽くした末のことで、喜ばれこそすれまさか反対されるとは思っていなかったのだろう。「わかった。もういい」と言って電話を切ったきり、翌朝も琢磨さんから連絡はなかった。言い方がまずかったと反省して、絵美子さんが電話したが、出ようとしない。メールで、「私のことを考えて言ってくれたのに、あんな言い方しかできなくて、ごめんなさい」と謝ったが、それにも返事はなかった。こういうケンカは以前にも何度かあった。だが、一週間もしないうちに仲直りしていたので、絵美子さんはそれほど気にも留めなかった。

しかし、一週間たっても、夫からは何の連絡もない。これは今までとは様子が違うと思い、自宅に帰ってみると、夫の荷物はすでになく、置手紙だけが残されていた。離婚したい――そこに書かれていたのは簡潔な一言だった。

夫の体面を思って、勤務先には一度も顔を出したことがなかった。姉さん女房がのこのこ現れては夫も厭だろうと思ったのだ。しかし、そんなことも言っていられない。けれども、すんなり会ってくれるとも思えない。一計を案じた絵美子さんは、偽名を使い、依頼人として面談を申し込んだ。知人から紹介されたと夫を指名して、面談のアポを取り付けたのだ。

その日、案内された事務所の小部屋で待っていると、夫が現れた。一カ月半ぶりに会う琢磨さんは、〝依頼人〟が妻だと知って後ずさりしかけたが、「きちんと話し合いたいんです」という言葉に、しぶしぶソファーに腰を下ろした。だが、絵美子さんが何を言おうが、琢磨さんは、終始硬い表情のままで、「僕の考えは変わらない。きみとこれ以上、結婚生活をする意味がない」と、復縁の願いをはねつけたのだった。別れ際《ぎわ》には倒れた義父への気遣いを見せ、「きみも元気で」と優しい言葉をかけてくれた。しかし、その口調にはどことなく空々しい響きがあった。

その後も琢磨さんが自宅に戻る気配はなく、絵美子さんが不安になって連絡しても、なしの礫《つぶて》だった。誰かいい人でもできたのかと探ってみたが、琢磨さんは事務所近くのワンルームに一人で住んでいるようだ。ただ絵美子さんとのかかわりを断ちたいということのようだった。

一体何がいけなかったのか。なぜ、ここまで徹底して嫌われてしまったのか。絵美子さんは途方に暮れてしまったのである。

こうした反応は、基本的には、愛着が傷つけられたことによる両価型の反応である。相手を求め、相手に依存しているがゆえに、その存在からないがしろにされたと思えるような扱いを受けると、許せなくなってしまう。怒りや拒否で相手を困らせ、自分の傷ついた思いを味わわせようとするのである。傷つけられたという思いが強いほど、怒りや拒否の反応も激しいものとなる。

幼児や子どもであれば、全面的に親に依存しているので、たとえ両価型の反応を起こしても、長続きはしない。しばらくひねくれた態度をとったり、反抗したりしても、甘えたいという欲求の方が勝利を収めて、短時間のうちに機嫌を直すことになる。

しかし、青年期になる頃にはある程度自立能力が高まり、親に頼らずに暮らすことも不可能ではなくなる。その分、反抗や拒絶が長引くこともある。知り合いの元に身を寄せたり、家出したりということも起きる。たいていは数日というスパンで戻って来るが、ときには年単位でどこかに行ってしまうということも起こり得る。

ましてや青年期を過ぎれば、どんなに愛着し、精神的に依存していた相手であっても、その人なしではやっていけないということはない。怒りゆえに離れ、相手を拒否したまま別れてしまうということも起きる。そして、離れていることによって脱愛着が起き、依存も解消されてしまう場合もある。

両価型の見抜き方と付き合い方

両価型の反応が一歳半の時点で既に観察されることは、すでに述べた（163ページ参照）。現れた母親に対して激しい怒りを示し、抱っこしようとしても抵抗するのだ。

こういう反応は、母親が十分かつ安定した愛情を注いでいないときに生じやすい。愛情が気まぐれにしか与えられない場合や、何かの原因で、一時に比べて愛情が足りなくなっている場合にも起きやすい。

両価型の反応は、言い方を変えれば、天邪鬼《あまのじゃく》な反応だとも言える。素直に気持ちを出せず、ある部分では、本心とは反対のことをしてしまうのである。もっと年長の子どもにも、ときには大人にも認められるが、こうした反応は、愛情や関心不足が起きていることを教えてくれる重要な徴候である。

ところが、天邪鬼な反応をまともに受け止めてしまうと、「優しくしようとしているのに、どうして責められるのか、理解できない」「無理難題ばかり言って、こちらを困らせようとしているだけだ」と、理不尽さに腹が立ってしまう。それで感情的に反発し、相手を責めたりすれば、お互いの怒りが正面衝突してしまう。そうしたことを繰り返す中で、「わかってもらえない」「理解できない」という相互の溝が深まると、心理的な拒絶反応や断絶へとエスカレートしていく。

その意味でも、両価型の反応を理解し、適切に対処することが、心理的なアレルギーを食い止め、その後の関係破綻《はたん》を防ぐうえでカギを握ることになる。

まず、大事なのは、相手の反応が両価型の反応だと見抜くことである。こちらはふつうに話しかけたのに、険のある口調で返してくるときや、素直でない反応が返ってきたとき、あるいは無理難題に思えるようなことを言い出すときは、両価型反応が起きていると思った方がよい。矛盾したことや筋が通らないことを言い出すのは、両価型の反応の大きな特徴である。両価型の思考において、AがAであってAでない、ということは、ごく普通なのである。怒りが愛する気持ちに変わったり、愛する気持ちが怒りに変わったりすることも、始終起きることである。

両価型反応は、相手を求めるがゆえに起こる。したがって、ひどく間違った対応さえしなければ、自然と元に戻る。ところが、人間アレルギーの段階に移行してしまうと、怒りや拒否の状態が執拗《しつよう》なものになり、愛するという素直な気持ちに戻れなくなってしまう。できれば、アレルギーの段階に移行しないうちに元に戻すとともに、また同じことで衝突を繰り返さないように互いの関係を変えていく必要がある。

両価型の反応の根底にあるのは、愛情を求める気持ちである。愛情不足を感じると、自分が大切にされていない、自分ばかりがつらい思いをしているという不遇感につながり、それが怒りを生む。

だからこそ、両価型の反応に出会ったときは、矛盾点を指摘したり、責めたりせず、優しく、いたわることである。拒否されたり、ひどく傷つくような言葉を返してくるかもしれないが、それに動じず、びくともしない大きな愛で相手を包んでほしい。先ほどのカップルのケースも、絵美子さんが変わらない愛を伝え、夫の気持ちをないがしろにしてしまった非を心から詫《わ》びたことで、琢磨さんも素直な気持ちに戻れ、関係を修復することができた。以前にも増して幸せに暮らしているようだ。

自己愛転移の効用

実は、人間アレルギーを抑えるうえで、もう一つ頭におかねばならないメカニズムがある。自己愛転移だ。

何度も言うように、免疫《めんえき》とは自己でないものを排除する仕組みである。つまり、自己と同一化すれば、異物として排除されるのを免れ、アレルギー反応も抑えられるのである。

自己愛転移には、二つのパターンがある。「鏡転移」では相手を自分と瓜《うり》二つの存在とみなすことで、「理想化転移」では、自分の理想像として崇《あが》めることで、その人に同一化する。理想化転移にも逆転移が起きる。自分が理想化され崇められると、自分の価値を誰よりも理解してくれる存在に対して、理想化で応《こた》えるのだ。

小さい頃自己愛が十分満たされずに育った人にとっては、自己愛転移により尊敬や賞賛や奉仕が捧《ささ》げられることが、最大級の満足であり力の源泉となる。自己愛性パーソナリティ障害の人が愛人を必要としがちなのは、こうした心のメカニズムのためであり、愛人から最大限の賛辞や支えを与えられるとき、その人は最大限の能力を発揮することができる。

愛人が妻となり、尊敬や賞賛がくたびれてくると、理想化転移の魔力は次第に失われ、夢から覚めたように、ただの人に戻っていく。自己愛転移による同一化によって抑えられていた免疫反応がうごめきだすと、互いが身勝手で思いやりのない異物でしかないことに気づき、激しい人間アレルギーが起きることになる。

逆に言えば、このタイプの人と生産的な関係を維持しようとするならば、いつまでも賞賛と奉仕を怠らないことである。

愛着の存在と意義を科学的に証明した心理学者ハリー・ハーロウとパートナーたちとのドラマは、まさにそのことを裏付けているように思える。

【賞賛の鏡でなくなったとき】

ハーロウの最初の妻クララは、ウィスコンシン大学心理学科の大学院に通う学生だった。そこに新任教授としてやってきたのが、ハーロウだった。

美しく社交的なだけでなく、とびぬけた才能の持ち主だったクララは、五歳のときにウィリアム・ブレイクの詩を愛読し、もう少し大きくなると、ハイスクールに通う姉の代数の宿題を代わりに片付けたほどだった。

頭の回転が速く、ユーモアに溢《あふ》れ、知的な会話を丁々発止でこなすこの才女に、ハーロウはたちまち夢中になった。クララも、社会的には少し不器用なところもあるが、才気と情熱に溢れた新任教授を愛するようになる。二人は、やがて結婚する。

しかし、それは、クララに大きな犠牲を強いることになった。当時、ウィスコンシン大学には、近親者を雇用できないという決まり事があった。つまり、クララが大学院を卒業したとしても、夫の研究室に職を得ることはできないということだ。結局、クララは、自分のキャリアを諦《あきら》める決断をする。

百貨店の衣料コーナーで販売員として働き始めたクララは、ここでも持ち前の高い能力を発揮。わずか半年で、ドレスのチーフバイヤーに昇進した。だが、クララにも、苦手なことがあった。それは単調な家事だった。

その頃、ハーロウは満足な研究施設も費用も与えられず、やりたいラットの実験ができないと悩んでいた。その日もハーロウは不満をこぼしていた。それを見かねた妻の一言が、夫の運命を切り開くことになる。クララは近所にある動物園のオランウータンを調べたらどうかしらと言ったのだ。サルとの出会いからハーロウの研究のすべてが始まったことを思えば、クララは夫の最上の理解者であり、幸運の女神だったと言えるだろう。

しかし、ハーロウが自分の研究に夢中になっている間に、クララの心には変化が生じていく。それは、二人目の息子が生まれた頃からだった。ハーロウからすると、研究が佳境に入り、すべてに優先して取り組みたい。一方、クララのほうは、もともと家庭的なことが苦手で、自分も研究や仕事がしたいのに、夫は家事や育児を自分に押し付けてばかりいると不満が募るのだった。

クララは身勝手な夫に愛想を尽かし、ハーロウも自分は妻から愛されていないと感じるようになった。二人はほとんど口を利《き》かなくなり、ハーロウは夕食にも帰らず、ほとんど研究室で過ごすようになった。

とうとう十四年間の結婚生活は、終焉《しゅうえん》のときを迎える。二人が幸福な日々を暮らした湖のほとりの家も売りに出され、財産は折半された。

だが、二人はそのまま孤独に暮らすことには耐えられなかった。特にハーロウは、仕事に没頭するだけでは寂しさを紛らわすことができず、離婚した男性にありがちなことだが、酒に溺《おぼ》れるようになった。大学内でも孤立し、性格はより頑固で皮肉っぽくなった。孤独は、どんな困難よりも心身の健康を脅《おびや》かそうとしていた。ハーロウには、自分を理解し、夢を共有して、その実現を支えてくれるパートナーが必要だった。

すぐにふさわしい女性が見つかった。いや、すでに掌中にいたというべきだろうか。彼の研究チームで助手を務めていたマーガレット・キーニーという三十歳の女性だった。マーガレットは、心理学の博士号をもつ才媛《さいえん》で、おまけに美しかったが、言い寄る男どもを冷たくはねつけていた。自分にふさわしい知的な男性を探していたのだ。彼女は、ハーロウを尊敬していた。二人が惹かれあうのは必然だったと言えるだろう。

しかし、今度も、同じ困難がこのカップルに降りかかった。親族を雇うことはできないという大学の規定である。そこで二人は大学の目を欺《あざむ》こうと、州外でひそかに結婚式を挙げた。だが、二人の関係はたちまち大学当局の把握するところとなり、結局、マーガレットはクララと同じように大学をやめざるを得なくなった。

けれども、ハーロウは同じ轍《てつ》を踏まなかった。マーガレットを私的なアシスタントとして、研究室にとどめたのだ。大学から給料をもらうわけではなく、非公式のポストなので、大学も文句は言わなかった。

心理学の博士号をもち、優秀な研究者でもあったマーガレットは、ハーロウが編集委員を務めていた心理学の専門誌の実質的な編集を行った。手厳しい編集者で、相手がハーロウだろうと遠慮なく注文をつけた。

マーガレットは有能だが、自分の論をまげない尖《とが》ったところがあった。その点はクララとは対照的で、ハーロウにとっては当てが外れた一面だった。誰にでも手厳しい口をきいたので、研究室では「氷のババア」と煙たがられていた。ハーロウにとっても、一緒にいて気が休まる相手ではなかった。そのせいもあってか、ハーロウの飲酒量は再婚後も一向に減らなかった。

マーガレットは研究者に生まれついたような女性で、料理や洗濯など家事が苦手な点はクララ以上だった。家は散らかり放題で、ほこりをかぶっていた。二人の子どもができてからは、なおさら手が回らなくなった。ハーロウは、同じ失敗を繰り返さないように、子育てにも少しは協力したが、研究室に逃げることも多かった。

ただ、クララの場合と決定的に違ったのは、マーガレットが研究者として夫の研究の重要性を理解し、自らもその研究の一翼を担ったことである。二人は最も重要な部分で価値観を共有していた。贅沢《ぜいたく》や物質的な欲に乏しく、着飾ることや美味《おい》しいものを食べること、社交を楽しむことにも興味がなかった。二人は完全に似たもの夫婦だったのである。ハーロウの名を不朽のものにした、愛着についての一連の研究が行われるのは、マーガレットとともに暮らした日々においてであった。

マーガレット自身、大きなハンディを抱えながらも、研究者としても復活を遂げていく。優れた研究者として認められ、他の大学からポストをオファーされるようになっていた。しかし、すでに彼女の体は病魔に蝕《むしば》まれ始めていた。乳ガンが進行していたのだ。二十一年間の結婚生活は、マーガレットの死によって幕を閉じる。ウィスコンシン大学に教育心理学部教授として迎えられて間もなくのことである。享年《きょうねん》五十二、ハーロウは六十五歳になっていた。

マーガレットの闘病中から、ハーロウはうつ病に苦しみ、入院治療も受けていた。ハーロウは常に高みを目指して頑張り続けないといられない強迫的な性格の持ち主で、アメリカ国家科学賞という栄誉に浴した瞬間にも、ここから自分はダメになっていくという思いにとらわれた。人生をゆっくり楽しむことが、決してできなかったのだ。

マーガレットを失ったハーロウは、その孤独に耐えられなかった。彼は別れた最初の妻、クララのことを考えるようになっていた。

ちょうどそのころ、クララの再婚も無残な失敗に終わっていた。マーガレットの死から八カ月後、二人は再婚する。ハーロウは六十六歳、クララは六十二歳であった。ハーロウが亡《な》くなるまでの十年足らずの時間を、二人はもう一度共有することとなる。

一度目の失敗から学んだクララは、その教訓をしっかりと生かした。ハーロウの研究に加わり、全集の編集も買って出て、夫と関心を共有しようとした。

ハーロウもまた、同じ失敗をしないために、クララとの時間を大事にした。長年住み慣れたウィスコンシンを離れ、新天地アリゾナに移り住む決心をしたのも、クララのためであった。冬の厳しいウィスコンシンから晴天日の多い常夏《とこなつ》のアリゾナに引っ越したことは、結果的にハーロウのうつ病を癒《いや》し、幸福な晩年をもたらしたのである。

脱感作による克服

アレルギーの克服法として、脱感作療法というやり方が知られている。抗原を少しずつ注射したり、食べたりすることで、抗原に対する脱感作（抗原として異物認識が起きなくなり、アレルギーの状態を脱すること）を誘導する方法である。花粉アレルギーに対して、実際に行われている治療法だ。

また、他のアレルギーでも、少量ずつ経口摂取することで、異物としての認識が弱くなり、アレルギーが起きなくなることがある。昔からの知恵で、漆職人は漆を少しずつ舐《な》めることで漆にかぶれなくなったという。消化管は食べ物という異物を取り入れる役割を担《にな》っているので、異物に対するチェックが皮膚よりも甘いのだ。

人間アレルギーにおいても、脱感作を誘導することはできる。人間は、基本的にどんなことにも慣れることのできる生き物なのである。ただし、少量ずつ根気よく慣らしていくというのが原則だ。焦《あせ》って結果を急ぐと、激しい拒絶反応が起きてしまい、逆にアレルギーを強めてしまったり、克服しようという意志自体をなくしてしまう。

人間アレルギーを抱えた人でも、人と接する仕事をしているうちに、それを克服してしまう場合がある。それが不快なだけの体験だとしたら、そうした奇跡は起こりようがない。その人自身が受容され、自分の心の傷を癒すような体験として、人とかかわる必要があるだろう。たとえば、人に奉仕し、助けたり、世話をする仕事がそうだ。楽しみの場でだけ人とかかわるという方法も有効だ。そうすれば、煩《わずら》わしい思いをしたり、傷つけられたりすることもない。親密な深いかかわりは敢《あ》えて避け、茶飲み友達や同好の士として付き合っていくうちに克服にもつながっていく。

タイミングも重要だろう。場合によっては、人と無理やりかかわらず、隠棲をする時期も必要なのかもしれない。成熟して、そのときが来ると、人と交わることがそれほど苦痛でなくなるというのもよくあることだ。

そうした例として、175ページでも触れた詩人・萩原朔太郎が、どのように人間アレルギーを脱したのかを紹介したい。

良い習慣があなたを助ける

【萩原朔太郎の場合②】

朔太郎は、三十三歳のとき結婚して、その後娘を二人もうけるが、十年後に結婚生活が破綻。翌年には父親も死去するなどつらいことばかりが続き、酒量が増え、生活が荒《すさ》んだ。

そこで支えとなったのは、朔太郎のことを誰よりも尊敬し、愛していた妹ユキである。

彼女が生活を切り盛りしてくれたおかげで、次第に朔太郎はリズムを取り戻していく。徐々に苦境を乗り切ると、再び創作や雑誌の仕事に精を出すようになり、四十代後半から五十代初めにかけて、最も多忙で、脂《あぶら》ののった時期を迎える。

「しかし僕の孤独癖は、最近になってよほど明るく変化して来た。第一に身体《からだ》が昔より丈夫になり、神経が少し図太く鈍って来た。青年時代に、僕をひどく苦しめた病的感覚や強迫観念が、年と共に次第に程度を弱めて来た。今では多人数の会へ出ても、不意に人の頭をなぐったり、毒づいたりしようとするところの、衝動的な強迫観念に悩まされることが稀《ま》れになった。したがって人との応接が楽になり、朗らかな気持で談笑することが出来てきた。そして一般に、生活の気持がゆったりと楽になって来た。だがその代りに、詩は年齢と共に拙くなって来た。つまり僕は、次第に世俗の平凡人に変化しつつあるのである。これは僕にとって、嘆くべきことか祝福すべきことか解《わか》らない。

その上にまた、最近家庭の事情も変化した。僕は数年前に妻と離別し、同時にまた父を失ってしまった。後には子供と母とが残ってるが、とにかく僕の生活は、昔に比して甚だ自由で伸々して来た。すくなくとも家庭上の煩いなどから、絶えず苛々《いらいら》して居た古い気分が一掃されて来た。今の新しい僕は、むしろ親しい友人との集会なども、進んで求めるようにさえ明るくなってる。来訪客と話すことも、昔のように苦しくなく、時に却《かえ》って歓迎するほどでさえもある」(『僕の孤独癖について』)

驚くべきことに、朔太郎にとってあれほど苦痛であった交際が、「休息」だと感じられるようにさえなった。

「人と話をして居る間だけは、何も考えずに、愉快で居られるからである」(同右)

朔太郎はどうやって人間アレルギーによる孤独癖を克服したのか。

「煙草や酒と同じく、交際もまた一つの『習慣』であると思う。その習慣がつかない中は、忌《いま》わしく煩わしいものであるが、一旦《いったん》既に習慣がついた以上は、それなしに生活ができないほど、日常的必要なものになってしまう。この頃では僕にも少しその習慣がついたらしく、稀れに人と逢《あ》わない日を、寂しく思うようにさえなって来た。煙草が必要でないように、交際もまた人生の必要事ではない。だが多くの人々にとって、煙草が習慣的必要品であるように、交際もまた習慣的な必要事なのである」(同右)

朔太郎は、習慣の力を利用したのだ。つまり、脱感作によってアレルギーは克服できることを身をもって示したのである。

「とにかく僕は、最近漸《よう》やくにして自己の孤独癖を治療し得た。そして心理的にも生理的にも、次第に常識人の健康を恢復《かいふく》して来た。ミネルバの梟《ふくろう》は、もはやその暗い洞窟《どうくつ》から出て、白昼を飛ぶことが出来るだろう。僕はその希望を夢に見て楽しんでいる」(同右)

これが、五十歳を迎えようとする朔太郎の心境であった。彼はその後、非常に多産で精力的な日々を過ごすことになる。

人は、変わる

人は決して同じではいられない。長い年月の間に、人は変わっていく。人は学ぶことができるし、自らを修正することもできる。毒を抱えた人も、その毒を無害なものに変えるどころか、得難い栄養素にすることさえできるのだ。

食物アレルギーの場合では、同じ食品でも発酵処理をすると、アレルギーを起こさなくなったりする。小麦や大豆に強いアレルギーをもつ子どもでも、小麦と大豆を発酵させて作った醤油《しょうゆ》に対してアレルギー反応を起こさないのは、そのためである。

人間アレルギーでも、加齢や成熟によって抗原性が失われて、アレルギー反応を起こさなくなることがある。忌《い》み嫌っていた人も、年老いて弱々しくなると、昔の恨みはどこへやら、むしろ愛《いと》おしく思えたりする。抗原性が変化し、無毒化が起きることによって、アレルギー反応が消えてしまったのだ。

全般化した人間アレルギーを抱えた人でさえも、加齢と成熟によって、人間アレルギーを克服していく例は少なくない。

最近うれしい知らせを聞いた。

知人の近況である。

若い頃何度も自殺未遂を繰り返し、自己破壊的な人生を歩んでいた彼は、四十歳を迎えるころにようやく落ち着き、若い人に教える仕事を楽しんでいる様子であった。しかし、彼自身が頑なに拒否していたことがあった。自分の子どもをもつということである。それゆえに、彼にかかわり、愛する人の子どもを望んだ女性たちは、何度もつらい思いを味わい、彼のもとを去って行った。自らが父親になることは拒否しつつも、若者たちに父親のように慕われることで、彼は自分の人生の欠落を埋めようとしているかのようだった。

その彼に、子どもができたというのだ。齢《よわい》六十を数えて、ようやく彼は、自分の中にあった人間アレルギーを克服したのかもしれない。

心より祝福を捧げたい。

おわりに

世の中がぎすぎすし、人間関係が難しくなったと感じている人は多いだろう。ストレスから心を病む人も少なくないが、ストレスの大部分は、人間関係に由来するものである。しかも、事態を深刻にしているのは、赤の他人との関係だけでなく、一番の支えであるはずの夫婦や親子の関係までもが、危うく、足を引っ張りかねないものになっていることだ。

一昔前であれば、「雨降って地固まる」の格言のように、多少の摩擦は信頼関係を深めるきっかけにもなった。だが、最近は、そんな牧歌的な格言は通用せず、たった一度の行き違いで関係が終わってしまうことも珍しくない。いったん関係がぎくしゃくし始めると、修復が難しくなっている。

絆《きずな》の崩壊とともに目につくようになったのは、世の中が優しさや寛容さを失い、潔癖で、頑《かたく》なで、極端になりがちだということだ。自分の思いにこだわり、自分の期待やルールに反することに強いいらだちを感じ、自分の期待やルールに反する存在を過剰なまでに攻撃してしまう。思い通りにならないわが子を虐待《ぎゃくたい》してしまうのも、異物とみなした存在をバッシングするのも、底流には同じ病理がある。

そこに共通するのは、自分以外のものは受け入れず、容赦なく排除することでわが身を守ろうとする構造である。自分でないもの＝異物に対する過剰な拒絶と排除とは、まさに本書で述べてきた人間アレルギーにほかならないが、その拡大が、他人との関係のみならず、夫婦や親子の関係さえ、ぎすぎすしたものに変え、期待と少しでも違うとつい拒否や攻撃をしてしまう心理状況に、われわれを追いやっている。

そこで異物を〝悪者〟として排除したところで、根本的な解決にならないことは明らかだ。異物とみなされた〝悪者〟が問題なのではなく、過剰なまでに異物とみなし、〝悪者〟として排除しようとする人間アレルギーこそが問題だからである。

世間一般の議論のほとんどは、何が〝悪者〟かということに費やされる。われわれの日常的な関心の多くも、〝悪者〟が誰かということと、それに対する非難に終始しがちだ。しかし、本当に問題なのは、〝悪者〟にすべての責任を押し付け、攻撃・排除しようとすることなのである。

平均寿命は延び、物質的には便利で豊かな暮らしを享受《きょうじゅ》しているはずだが、われわれは、あまり幸福になったとは言えないようだ。自分らしさを追求し、それを邪魔だてするものを排除して手に入れたのは、快適であっても、孤独で空虚な暮らしでしかない。生きるということ自体に、喜びよりも苦痛を感じる人さえ増えている。人間でありながら、人間に対する拒絶反応を抱えることは、われわれを不幸で生きづらくしている根本的な要因ではないだろうか。そして、そこには、人間アレルギーからわれわれを守ってくれるはずの愛着という仕組みが、機能不全を起こしているということもかかわっている。

本書で提起した視点が、われわれ現代人が抱えている問題への理解につながり、少しでも根本的な解決への糸口となることを祈るばかりである。

末筆ながら、本書の執筆にあたり、長きにわたって熱い激励と的確な助言をいただいた新潮社出版企画部の堀口晴正氏に、深く感謝の意を表したい。

岡田尊司

『キブツ　その素顔』アミア・リブリッヒ　樋口範子訳　ミルトス　1993年
『あなたはなぜ「嫌悪感」をいだくのか』レイチェル・ハーツ　安納令奈訳　原書房　2012年
『もっとよくわかる！　免疫学』河本宏　羊土社　2011年
『基礎免疫学　免疫システムの機能とその異常』アバス、リックマン、ピレ　松島綱治、山田幸宏訳　エルゼビア・ジャパン　2014年
『アレルギーはなぜ起こるか　ヒトを傷つける過剰な免疫反応のしくみ』斎藤博久　講談社ブルーバックス　2008年
『漱石とその時代』江藤淳　第一部〜第五部　新潮選書　1970、1993、1996、1999年
『僕の孤独癖について』萩原朔太郎全集　第九巻　筑摩書房　1976年
『愛を科学で測った男』デボラ・ブラム　藤澤隆史、藤澤玲子訳　白揚社　2014年
『安部公房伝』安部ねり　新潮社　2011年
『ニーチェ伝　ツァラトゥストラの秘密』ヨアヒム・ケーラー　五郎丸仁美訳　青土社　2009年
『サン=テグジュペリの生涯』ステイシー・シフ　檜垣嗣子訳　新潮社　1997年
『ショーペンハウアー』R・ザフランスキー　山本尤訳　法政大学出版局　1990年
Mario Mikulincer & Phillip R. Shaver, "Attachment in Adulthood: Structure, Dynamics, and Change", The Guilford Press, 2007
David Mann, "Love and Hate: Psychoanalytic Perspectives", Kindle版 Amazon Services International, Inc.
Howard S. Friedman & Leslie R. Martin, "The Longevity Project", Hudson Street Press, 2011
F. Robert Rodman, "Winnicott: Life and Work", Da Capo Press, 2003
Jeffrey Meyers, "Somerset Maugham: A Life", Kindle版 Amazon Services International, Inc.

参考文献

『荀子』中国の思想［Ⅳ］杉本達夫訳　徳間書店　1996年
『君主論』マキアヴェッリ　河島英昭訳　岩波文庫　1998年
『近代社会思想史』城塚登　東京大学出版会　1960年
『道徳の系譜』ニーチェ　木場深定訳　岩波文庫　1964年
『善悪の彼岸』ニーチェ　木場深定訳　岩波文庫　1970年
『アメリカ精神分析学会　精神分析事典』B・E・ムーア、B・D・ファイン編　福島章監訳　新曜社　1995年
『愛憎の起源』I・D・サティ　國分康孝、國分久子、細井八重子、吉田博子訳　黎明書房　1977年
『児童の精神分析』メラニー・クライン著作集2　小此木啓吾、岩崎徹也責任編訳　誠信書房　1997年
『愛、罪そして償い』メラニー・クライン著作集3　西園昌久、牛島定信編訳　誠信書房　1983年
『妄想的・分裂的世界』メラニー・クライン著作集4　小此木啓吾、岩崎徹也編訳　誠信書房　1985年
『情緒発達の精神分析理論』D・W・ウィニコット　牛島定信訳　岩崎学術出版社　1977年
『赤ん坊と母親』ウィニコット著作集1　成田善弘、根本真弓訳　岩崎学術出版社　1993年
『自己の分析』ハインツ・コフート　水野信義、笠原嘉監訳　みすず書房　1994年
『コフート入門　自己の探究』P・H・オーンスタイン編　伊藤洸監訳　岩崎学術出版社　1987年
『愛着と愛着障害』V・プライア、D・グレイサー　加藤和生監訳　北大路書房　2008年
『成人のアタッチメント　理論・研究・臨床』W・スティーヴン・ロールズ、ジェフリー・A・シンプソン編　遠藤利彦他監訳　北大路書房　2008年
『母子関係の理論』新版Ⅰ、Ⅱ、Ⅲ　J・ボウルビィ　黒田実郎他訳　岩崎学術出版社　1991、1995年
『母と子のアタッチメント　心の安全基地』ボウルビィ　二木武監訳　医歯薬出版　1993年

final event

すべては「アレルギー」が原因だった

誰でもそうだろうと思うが、見るたびに不快や嫌悪《けんお》感がこみ上げてくる人物はいるものだ。理由が思い当たる場合もあるし、なんとなく虫が好かないだけということもある。そうした人と日々顔を突き合わせていても、なんとかやっていければいい。問題は我慢できなくなる場合だ。突然どうしようもなくなる。そういう状況が本書の「人間アレルギー」である。特定の人間に対して、精神的なアレルギー症状を示してしまうというのである。

アレルギーは元来、食べ物などで起きる反応である。多くの人がおいしいと食べているお蕎麦《そば》でも、人によっては死をもたらしかねないアレルゲン（アレルギーの原因）になる。パンの小麦や、普通のご飯ですらなりうる。どの食物がその人のアレルゲンになるかはわからない。本書は、同様のことが人間の心理に当てはまるとしている。

こうした考え方に「なるほど」と思えるなら、また、自分にもそういう経験があって困っているなら、本書はとても有意義だろう。心がなぜ特定の人を嫌悪するのか、その仕組みが上手にまとめられているからだ。

「人間アレルギー」というのは不思議なものである。すでになってしまった人にしてみれば、嫌悪の対象は自分の外部にある。しかし本来の問題は外部ではなく嫌悪すべき異物として認識する自分の心の側にある。著者はこう説く。「世間一般の議論のほとんどは、何が〝悪者〟かということに費やされる」「しかし、本当に問題なのは、〝悪者〟にすべての責任を押し付け、攻撃・排除しようとすることなのである」

食物アレルギーでも、該当の食物に毒性があるわけではない。免疫《めんえき》による過剰な拒絶反応に自分自身が苦しんでいるのだ。だが、その仕組みは本人にはわからないものである。

それでも心は理解しようとすれば理解可能だ。本書の具体的な症例の解説や、豊富に掲載されている関連コラムも役立つ。これらを読むというプロセス自体が、ある種の治療的な効果を持つかもしれない。私もこうした「人間アレルギー」を持っているが、本書を読みながら少し心が軽くなったように感じられた。

「人間アレルギー」は困った病気のようだが、単に克服すればよいものではないことにも、著者は留意を促している。「自分がこれまで避けてきた課題に、いよいよ向き合うべきときが来たことを教えてくれているのかもしれない」とも語られる。心の問題はその人の人生の課題となりうる。本書をきっかけにして「人間アレルギー」に取り組むことで、生き方の転換を自分で見つけていく手がかりにもなるだろう。

「人間アレルギー」は他面、一人の人間の心の問題に留まらない。多くの人がこの問題を抱えているということは、他者を管理する社会的な立場にある人や、教育・指導の立場にある人なら、この仕組みを理解する必要があるということだ。「お蕎麦くらい誰でも食べられるだろう」というノリで、「職場に少しくらい嫌な人がいても我慢できるだろう」という認識では、現代人を指導することは不可能である。

本書は読みやすい一般向け書籍だが、精神医学的な新知見の書でもある。他者への愛情の向け方の問題である「愛着障害」の理論を基本にしながら、特定の人間に対する嫌悪など否定的な感情のあり方を、従来にない統合的な視点で体系的に説き明かしている。注目したいのは、現代の精神医学の傾向でもある「症状診断」主義とでもいう状況に疑問を投げかけている点である。

現代の精神医学の現場では、人それぞれの心の問題の本質を掘り下げるより、とにかく心の病気として病名を付けて分類することが優先されてしまう。心の問題に病名が付き、医療対象に移しかえれば、次は脳に作用する薬剤が処方される。社会不安障害、適応障害、パーソナリティ障害、気分変調症など。皮肉な見方をすれば、薬剤処方が可能になったので診断用の病名ができるかのようだ。

しかし、それらはあくまで表面に現れた各種の症状であり、問題の根が「人間アレルギー」であるなら別の対応もありうる。医療の面でも本書の意義は広がる可能性があるだろう。

（「波」二〇一五年七月号より転載、ブロガー）

この作品は二〇一五年六月新潮社より刊行された。

人間《にんげん》アレルギー
なぜ「あの人」を嫌いになるのか

新潮文庫　お - 101 - 1

平成三十年一月一日発行

著者　岡《おか》田《だ》尊《たか》司《し》

発行者　佐藤隆信

発行所　株式会社新潮社

郵便番号　一六二―八七一一
東京都新宿区矢来町七一
電話　編集部(〇三)三二六六―五四四〇
　　　読者係(〇三)三二六六―五一一一
http://www.shinchosha.co.jp

価格はカバーに表示してあります。

乱丁・落丁本は、ご面倒ですが小社読者係宛ご送付ください。送料小社負担にてお取替えいたします。

印刷・株式会社光邦　製本・株式会社植木製本所

ISBN978-4-10-121066-7 C0195